Ed Stuhler
Der Kreml-Flieger

Ed Stuhler

Der Kreml-Flieger

Mathias Rust und die Folgen eines Abenteuers

In Kooperation mit der
Filmproduktionsgesellschaft Gebrüder Beetz

Ch. Links Verlag, Berlin

Biografische Angaben zu den vorkommenden Personen finden sich im annotierten Personenregister am Ende des Buches.

Die kursiv gedruckten Passagen in diesem Buch sind Ausschnitte aus Interviews, die von der Filmautorin Gabriele Denecke für den Film »Der Kreml-Flieger« der Produktionsfirma Gebrüder Beetz sowie vom Autor des vorliegenden Bandes geführt wurden.

Die Deutsche Nationalbibliothek verzeichnet diese Publikation in der Deutschen Nationalbibliografie; detaillierte bibliografische Daten sind im Internet über www.dnb.de abrufbar.

1. Auflage, April 2012
© Christoph Links Verlag GmbH
Schönhauser Allee 36, 10435 Berlin, Tel.: (030) 44 02 32-0
www.christoph-links-verlag.de; mail@christoph-links-verlag.de
Covergestaltung: Conni Robe, www.abschalten.tv
Satz: Agentur Marina Siegemund, Berlin
Druck und Bindung: Druckerei F. Pustet, Regensburg

ISBN 978-3-86153-666-6

Inhalt

Anhang

Für Michael und Nele

Vorwort

In der zweiten Hälfte der achtziger Jahre sehnen sich sehr viele Menschen in Ost und West nach Verständigung und Entspannung, danach, dass die beiden sich scheinbar unversöhnlich gegenüberstehenden Blöcke aufeinander zugehen. Das gegenseitige Bedrohungspotential hat eine neue Dimension erreicht, Raketen mit Atomsprengköpfen sind auf den jeweiligen Feind gerichtet, US-Präsident Reagan droht mit einem »Krieg der Sterne«, und keine Abrüstung in Sicht. Da erscheint völlig überraschend ein Mann auf der politischen Bühne, auf dem schnell die Hoffnungen vieler Menschen ruhen: Michail Gorbatschow. Der neue, junge, dynamische Kremlführer verändert die Welt. Er wird als eine Art Messias gefeiert, ähnlich wie vierundzwanzig Jahre später US-Präsident Barack Obama. Von den USA, von Reagan erhofft man sich nichts. Das erste Treffen zwischen ihm und Gorbatschow, 1986 in Reykjavík, geht aus wie das Hornberger Schießen.

In diesem Jahr reise ich in die Sowjetunion. Als der Reaktor in Tschernobyl explodiert, befinde ich mich in der Luft über Kiew. Die radioaktive Wolke zieht nach Westen, ich fahre am nächsten Tag mit dem »Malachit« von Moskau in Richtung Osten, zum Ural. Drei Tage rumpelt der Zug, wegen des schlechten Zustandes der Gleise teilweise im Schneckentempo, durch unendliche

Birkenwälder. Im Zug fehlt der Zucker zum Tee. Außer zerkochtem, fadem Hühnerfleisch gibt es kaum etwas zu essen, aber auf den wenigen Stationen, auf denen der Zug hält, werden vom Zugpersonal große Säcke mit Fleisch und riesige Würste verhökert.

In Perm, der verbotenen Stadt, sehe ich die Anschläge an Zäunen und Toren: Gorbatschow hat eine Kampagne gegen den Alkoholismus verkündet und wird als »Mineralsekretär« verspottet. Wodka gibt es nur auf Zuteilung, und dort, wo er verkauft wird, steht eine höllische Schlange wartender Menschen mit leeren Wodkaflaschen in den Händen. Die Szenen, die sich an der Luke abspielen, durch die Menschen und Flaschen gereicht werden, sind entwürdigend.

Den 8. Mai, Tag des Sieges über die Hitler-Armee und in der Sowjetunion ein Feiertag, der bei uns im Osten Tag der Befreiung heißt, verbringe ich in einer kleinen Siedlung an einer Kegelbahn, wo ostdeutsche Erdgastrassen-Arbeiter sich mit Schnaps und Wein und den feinsten Bieren aus der Heimat die Kante geben. Ringsherum stehen traurig die Sieger in ihren guten schwarzen Anzügen mit den Reihen von Orden und Ehrenzeichen auf der Brust – zwangsweise trockengelegt. Es ist eine surreale Situation, die ganze Reise ist surreal.

Eine Aufbruchsstimmung ist nicht zu spüren, von Glasnost (Offenheit) und Neuem Denken ist noch keine Rede. Die Perestroika (Umgestaltung) beginnt erst richtig ein Jahr später, bringt aber wohl für die Menschen im fernen Ural nicht viel mehr als leere Regale in den Geschäften.

In Deutschland Ost dagegen schaut man in diesem Jahr voller Erwartungen in Richtung Moskau und erhofft sich fürs eigene Land mehr Transparenz und Ehrlichkeit. Ich schreibe zu der Zeit Lieder, die »Jetzt oder nie« heißen, und Zeilen wie:

»Doch der Frühling kommt, es ist schon längst nicht mehr so winterlich. Man spürt schon die Sonne, die im Osten aufgegangen ist.«

Ähnlich sind die Erwartungen im Westen. Viele erhoffen sich einen Abbau von Spannungen, mehr Frieden und Verständigung der Völker. Die Leute laufen auf den Straßen zusammen und rufen »Gorbi, Gorbi«, wenn er zu Besuch kommt – das verbindet sie mit ihren Brüdern und Schwestern im Osten. Viele hoffen, einige tun etwas. Normalerweise geschieht die Rettung der Welt an diversen Bier- oder Redaktionstischen. Doch einem genügt das nicht, er geht weiter. Er steigt in ein kleines, zerbrechliches Flugzeug und fliegt einfach nach Moskau, überfliegt den Eisernen Vorhang, um Gorbatschow zu treffen und ihm zu sagen, dass die Menschen im Westen auf ihn bauen. Er will ihm Mut machen und bringt dafür selbst reichlich Mut auf. Dass diese Mission sein Leben kosten kann, dessen ist er sich bewusst.

Seine Tat wird zuerst bejubelt, später wird man kopfschüttelnd an ihr herummäkeln.

Ich treffe Mathias Rust fünfundzwanzig Jahre später in Hamburg und erlebe einen jungenhaften, sympathischen Mittvierziger, der in norddeutschem Dialekt mit viel Humor und Selbstironie über seine spektakuläre Tat spricht und auch die schwierige Zeit danach nicht ausspart. Gelassen benutzt er die Metapher vom Fischschwarm – wer den schützenden Schwarm verlasse, werde eben gefressen. Außer ein paar Fotos hat er nichts aufbewahrt, was an die früheren Ereignisse erinnert, keine Zeitungsartikel, keine Dokumente, nichts. Er lebt im Hier und Heute. Ich mache mich auf den Weg, um seine Geschichte zu recherchieren.

Prolog im Kreml

So soll es sich zugetragen haben:

Es ist Sonnabend, der 30. Mai 1987, 11.00 Uhr. Michail Gorbatschow hat die Mitglieder des KPdSU-Politbüros an diesem ungewöhnlichen Wochentag zu einer außerordentlichen Sitzung geladen. Nach einer kurzen Diskussion kommt der Gensek (Parteijargon für Generalsekretär) zur Sache:

»Sergej Leonidowitsch, ich zweifle keineswegs an Ihrer persönlichen Integrität. Aber ich an Ihrer Stelle hätte in der entstandenen Situation abgedankt.«[1]

Der Angesprochene, es ist Verteidigungsminister Marschall Sokolow, steht auf und bittet darum, unverzüglich zurücktreten zu dürfen. Im Namen des Politbüros akzeptiert Gorbatschow diese Bitte.

Die Mitglieder des hohen Gremiums ziehen sich zu einer kurzen Beratung in das Nussbaumzimmer zurück, das sich zwischen dem Büro des Generalsekretärs und den Räumen des Politbüros befindet. Danach verkündet Gorbatschow die Ernennung des neuen Verteidigungsministers: Marschall Dmitrij Jasow. Der, welch ein Zufall, wartet bereits im Vorraum.

Diesen spektakulären Vorgang halten Anatolij Tschernjajew, Wadim Medwedjew und Georgij Schachnasarow in ihrem Protokollband »Im Politbüro des ZK der KPdSU« fest.[2]

Jasows Anwesenheit verrät, dass hier offensichtlich ein vorbereitetes Szenario abgespielt wird. Der bisherige Kommandeur des fernöstlichen Militärbezirks ist einer der wenigen Generäle, die Gorbatschow persönlich kennt.

Gorbatschow schreibt später in seinen »Erinnerungen« zu den Gründen dieser Kaderveränderung: »Sokolow wurde von seinen Pflichten als Kandidat des Politbüros entbunden und Jasow zum Kandidaten des Politbüros gewählt. Alles verlief ohne Zwischenfälle. Die Versetzung Sokolows zu den Generalinspekteuren des Verteidigungsministeriums war auf jenes ›besondere Vorkommnis‹ zurückzuführen, ... nämlich den Flug von Mathias Rust. Die Sache wurde als eine Ohrfeige empfunden, die unser Land und seine Streitkräfte einstecken mußten. Schließlich war die Landung auf dem Roten Platz ein Zeichen dafür, daß unsere Sicherheit nicht gewährleistet war und in der obersten militärischen Führung allzu große Nachlässigkeit herrschte.«[3]

Sokolow fällt also weich und landet in der auch respektlos als »Elefantenfriedhof« bezeichneten Generalinspekteursgruppe.

Gorbatschow nutzt den Vorfall zu einem großen Aufräumen in den Streitkräften. In den folgenden Wochen und Monaten werden nach russischen Angaben etwa dreihundert Offiziere und Generäle entlassen, darunter drei Marschälle. Das, sagt Valentin Falin bitter, sei ungefähr so viel, wie die Sowjetunion im Zweiten Weltkrieg auf dem Schlachtfeld verloren habe. Einer der Entlassenen ist der Chef der Luftabwehr, Aleksandr Koldunow. Wegen »Unterlassung von Maßnahmen zur Vernichtung eines Verletzers der Staatsgrenzen« werden zwei Diensthabende der Flugabwehr zu je fünf Jahren Haft verurteilt.

Gorbatschows Einschätzung von 1995, die sicher auch seiner Haltung von 1987 entspricht, dass Rusts Landung auf dem Roten Platz ein Zeichen dafür sei, dass die Sicherheit des Landes nicht gewährleistet ist, soll an dieser Stelle unkommentiert stehen bleiben. Wir werden später darauf zurückkommen.

Die kurze Politbürositzung beendet Gorbatschow an diesem Maitag des Jahres 1987 etwas theatralisch mit dem Satz: »Heute muss man dem Volk die ganze Wahrheit sagen.«[4]

Reykjavík

Schauen wir sieben Monate zurück: Am 11. Oktober 1986 treffen sich Gorbatschow und der amerikanische Präsident Ronald Reagan in Reykjavík zu Abrüstungsgesprächen. Von diesem Gipfeltreffen erhofft sich Gorbatschow viel. Er ist entschlossen, den Teufelskreis des Wettrüstens zu durchbrechen, der sein Land gigantische Summen kostet.

»Von jeher unterlagen alle Angaben, die die Ausgaben für militärische Zwecke und überhaupt die Lage der Armee, den Zustand der Forschungen im militärisch-industriellen Komplex und Informationen darüber betrafen, inwieweit Finanz- und Materialressourcen zu Verteidigungszwecken genutzt wurden, absoluter Geheimhaltung«, schreibt Gorbatschow in seinen Erinnerungen. »Nicht einmal den Mitgliedern des Politbüros war dergleichen vollständig bekannt, ja im Grunde blieben sie so etwas wie Erfüllungsgehilfen, wenn sie ihre Unterschriften unter ›streng geheime‹ Beschlüsse setzten, ohne das Recht zu haben, irgendwelche Fragen zu stellen. Ustinow beispielsweise, der den Verteidigungsbereich lange Jahre betreute, übte eine Art Monopol in Sachen Militärpolitik aus. Außer Breschnew wagte es kein Mitglied des Politbüros, sich dafür auch nur zu interessieren, geschweige denn Informationen anzufordern. … Aber nicht nur der Rüstungsetat, sondern auch der Staatshaushalt war in seinen realen Dimensionen ein Geheimnis. Das Haushaltsdefizit wurde der Gesellschaft vorenthalten; Millionen Sparer ahnten nicht einmal, daß zur Absicherung des Haushalts rechtswidrig der Sparkasse Mittel entlehnt wurden. Und wer wußte schon, daß der Zuwachs des Verteidigungsetats seit vielen Jahren anderthalb-, ja, zweimal höher war als das geplante und das reale Wachstum des Nationaleinkommens!«[5]

Schon der alte, kranke und kraftlose Breschnew, der kaum noch zu politischen Aktivitäten fähig war, klagte im Kreise von Vertrauten: »Gretschko sagt zu mir: ›Sie (die Amerikaner) steigern hier und erhöhen dort, gib mir noch mehr Geld – nicht 140, sondern 156 Milliarden.« Und wie soll ich reagieren? Als Vorsitzender des Militärrates des Landes bin ich verantwortlich für seine Sicherheit. Der Verteidigungsminister erklärt mir, wenn ich nichts gebe, lehnt er jede Verantwortung ab. Nun so gebe ich, wieder und wieder. Und die Gelder fliegen.«[6]

Valentin Falin: »*Am Ende der Regierung Breschnews wurden 23 Prozent des Bruttoinlandsprodukts für das Wettrüsten ausgegeben, während es in den Vereinigten Staaten nur 7,8 Prozent waren. Aus diesem Grund hatten wir einen so niedrigen Lebensstandard. 83 Prozent unserer Wissenschaftler und Mitarbeiter in Konstruktionsbüros arbeiteten ausschließlich für Militär- oder Paramilitärzwecke. Wie viel bleibt da noch – 17 Prozent? Dadurch, dass wir immer weiter gingen, haben wir uns selbst verdammt. Ich habe es immer gesagt – in Gesprächen mit Chruschtschow, Breschnew, Andropow und danach mit Gorbatschow – wir führen dieses Wettrüsten nicht gegen die Vereinigten Staaten, sondern gegen uns selbst. Wir dienen bloß der Politik der Vereinigten Staaten, die schon 1946 formuliert wurde, nämlich, die Sowjetunion mit Hilfe des Wettrüstens bis ans Ende zu treiben.*«[7]

Die Wahl der isländischen Hauptstadt als Tagungsort des Gipfeltreffens ist ein Kompromiss. Das Verhältnis der beiden Weltmächte ist zu diesem Zeitpunkt so gespannt, dass keiner der

Ronald Reagan und Michail Gorbatschow nach ihren gescheiterten Gesprächen vor dem Höfdi-House in Reykjavík am 12. Oktober 1986.

Führer bereit ist, das Land des jeweils anderen zu betreten. Island liegt ungefähr auf halber Strecke, ist jedoch Mitglied der NATO, worüber Gorbatschow großzügig hinwegsieht.

Man verhandelt in der ehemaligen Britischen Botschaft, dem sogenannten Höfdi-House (heute Reagan-Gorbatschow-Haus), das direkt an der Atlantikküste liegt. Das ist praktisch für die sowjetische Delegation, wohnen doch die dreihundert Mitglieder auf einem Schiff vor der Küste.

Das Erdgeschoss des Höfdi-Hauses ist der Tagungsraum der Staatschefs, im ersten Stock sitzen die Experten: von sowjetischer Seite u. a. Außenminister Eduard Schewardnadse, Gorbatschow-Berater Aleksandr Jakowlew und Generalstabschef Sergej Achromejew; von amerikanischer Seite Außenminister George Shultz und Admiral John Pointdexter.

Der Knackpunkt heißt SDI (Strategic Defense Initiative), Reagans geplantes weltraumgestütztes System zur Abwehr von Kontinentalraketen, auch als »Krieg der Sterne« bekannt. Die amerikanische Seite ist nicht bereit, auf dessen Entwicklung zu verzichten. So endet das Gipfeltreffen nach zwei Tagen ohne konkretes Ergebnis. Es gibt nicht einmal ein gemeinsames Schlusskommuniqué. Doch man ist sich menschlich etwas nähergekommen. Reagans Überzeugung, dass die Sowjetunion das »Imperium des Bösen« sei, bekommt Risse. Der Boden für spätere erfolgreiche Abrüstungsverhandlungen ist bereitet. Auf den ersten Blick jedoch und nach außen hin ist das Treffen gescheitert.

Zurück in der Sowjetunion, wendet sich ein enttäuschter Gorbatschow in einer Fernsehansprache an sein Volk: »Buchstäblich zwei, drei Schritte vor Beschlussfassung, von Beschlüssen, die historisch hätten werden können, wurden diese Schritte nicht getan. Die Wende in der Weltgeschichte fand nicht statt, obwohl, ich sage es nochmals, obwohl es möglich war.«

Wedel

Zur gleichen Zeit verfolgt rund 2000 Kilometer südöstlich von Reykjavík, in dem kleinen Hamburger Vorort Wedel, ein Achtzehnjähriger aufgewühlt das Geschehen. Er heißt Mathias Rust, wohnt bei seinen Eltern und absolviert eine Lehre als Bankkaufmann. Seit er fünfzehn ist, seit dem »Heißen Herbst« 1983, interessiert er sich brennend für das Thema Abrüstung. Der Nato-Doppelbeschluss zur Stationierung atomarer Mittelstreckenraketen in Europa treibt in der Bundesrepublik viele Friedensbewegte auf die Straße. Doch Rust erlebt, dass alles Protestieren daheim nichts verändert. Das Sichbewegen in der Masse ist sowieso nicht sein Ding – noch heute bezeichnet er sich als Einzelgänger, als Einzelkämpfer. Die sture Haltung Helmut Schmidts, so empfindet es Rust, möglichst in jedem Vorgarten eine »Pershing II« zu installieren, empört ihn.

Jetzt, im Jahre 1986, blickt er hoffnungsvoll nach Reykjavík und muss erleben, wie Reagan Gorbatschow abblitzen lässt. Sein Herz schlägt leidenschaftlich für den neuen Superstar am Politikerhimmel, den sympathischen jungen Kremlchef, der sich so grundsätzlich von allen seinen Vorgängern unterscheidet, der sich so glaubwürdig wie erfolglos um den Weltfrieden bemüht und trotz weitreichender Zugeständnisse mit leeren Händen nach Hause fahren muss. Rust ist davon überzeugt, dass Gorbatschows Zeit bald abgelaufen sein wird, wenn er nicht schnell Erfolge aufweisen kann. Er weiß, dass das Scheitern Gorbatschows Wasser auf die Mühlen seiner Gegner im eigenen Land ist. Für ihn stellt es sich so dar, dass die Gefahr besteht, dass der Kremlführer ausgetauscht und durch jemanden ersetzt wird, der den alten Konfrontationskurs fortsetzt, auf die Gefahr hin, dass der Kalte Krieg in einen heißen, atomaren umschlagen kann. Und er ist überzeugt davon, dass die westliche Welt an einem Abrüstungskurs gar nicht interessiert ist.

Mathias Rust ist kein lauter Protestierer, sondern ein stiller, in sich gekehrter Träumer. Doch seine Träume sind ganz und gar realitätsbezogen. Er träumt schlicht von einer besseren, gerechteren Welt. Das tun in dieser Zeit viele, doch Rust belässt es nicht dabei, sondern er schreibt seine Gedanken auf. Er nennt sein Traumland »Lagonia« und formuliert auf vierzig Seiten einen neuen Gesellschaftsentwurf. Er möchte die Vorteile beider Systeme in einer »erstrebenswerten Idealgesellschaft« zusammenführen.

Dieses Papier ist alles andere als spinnert, seine Vorstellungen sind sehr konkret und basieren teilweise auf dem eidgenössischen System der Schweiz: vor allem mehr Basisdemokratie, keine Parlamente, nur Beratungsgremien, die die Gesetzesentwürfe erarbeiten, über die dann die wahlberechtigten Bürger selbst abstimmen.

Festgeschriebene Grundrechte, wie Recht auf Wohnung für jeden ab der Volljährigkeit, garantierte Ausbildung nach eigener Befähigung und Beschäftigungsgarantie.

Schlüsselindustrien wie beispielsweise die Energieversorgung und andere für die Grundversorgung der Bevölkerung notwendigen Bereiche ausschließlich im Staatseigentum.

Lohn und Gehaltszahlungen sind nicht festgeschrieben und richten sich nach der Leistungsfähigkeit des Einzelnen.

Preisgarantie für die Grundnahrungsmittel. Vereinfachtes Steuersystem. Einheitlicher Einkommenssteuersatz. Keine Abschreibungsmöglichkeiten, weder für Privatpersonen noch für Institutionen.

Transparente Justiz. Haftstrafen sekundär. An erster Stelle steht die sofortige Reintegration des straffällig Gewordenen.

Unantastbarkeit der Persönlichkeitsrechte durch die Medien. Eingeschränkte und nur nichtkaufrauschfördernde Werbung.

Mit einem Wort, eine Gesellschaft, in der wohl die Mehrheit der Menschen nur zu gern leben würde, eine Community, so schreibt er, frei von Selbstsucht, Gier und Prasserei.

Vieles davon steht auch heute noch, über fünfundzwanzig Jahre später, auf den Wunschzetteln vieler Menschen, in den Programmen von Parteien und NGOs (Nichtregierungsorganisationen).

Doch im Gegensatz zu den meisten Menschen belässt Rust es nicht bei diesen theoretischen Überlegungen. Voller Leidenschaft überlegt er, was er als Einzelperson tun, welchen Beitrag er persönlich zur Völkerverständigung leisten kann. Und in seinem Kopf beginnt eine Idee Gestalt an- und immer mehr Raum einzunehmen.

Seit 1985 ist er Mitglied im Aero-Club Hamburg. Die Lehrausbildung bei der Bank bricht er ab, Fliegen ist seine große Leidenschaft, seine Berufung – ein Flugverrückter. Das Fliegen hat ihn von klein auf fasziniert, dieses Losgelöstsein, wie er es nennt, diese unendliche Freiheit, zwischen den Wolken zu schweben – so wie es auch Reinhard Mey in seinem berühmten Lied beschreibt.

Sein Fluglehrer sieht ihn so: »Der Mathias war so fasziniert von der Fliegerei, das habe ich noch nie vorher erlebt. Und dennoch: Er war kein Draufgänger, sondern ein sehr disziplinierter Flieger.«[8]

Sein neues Berufsziel deshalb folgerichtig: Pilot oder Fluglehrer. Mit siebzehn beginnt er mit der Ausbildung, mit acht-

Mathias Rust mit seinem Bruder Ingo im Oktober 1986 vor einer Cessna-Maschine auf dem Flugplatz Westerland / Sylt während eines Zwischenstopps auf dem Flug mit der Familie nach Kopenhagen.

zehn macht er den Pilotenschein. Der kostet 10 000 D-Mark, die seine Eltern bezahlen.

Ansonsten ist der Hamburger Aero-Club kein Verein der Millionäre. Seine Mitglieder sind Durchschnittsverdiener, denn der Club ermöglicht es ihnen, zu moderaten Preisen zu fliegen. Eine Flugstunde, inklusive Benzin, kostet ungefähr 200 DM. Man kann auch für längere Reisen ein Flugzeug chartern, dann kostet die Flugstunde 138 DM. Rust jobbt bei einem Geschenke-Großversand in der Datenverarbeitung und verdient sich so die Mittel für sein geliebtes Hobby. 1986 hat er das Geld für einen großen Urlaub zusammen, eine reine Flugreise soll es werden. Doch im Oktober 1986 beschließt er, angesichts des in seinen Augen gescheiterten Gipfels in Reykjavík, das Geld für eine Friedensmission zu nutzen. Er will nach Moskau fliegen und mit Gorbatschow reden.

Von seinem Vorhaben erzählt er niemandem, auch nicht seinen Eltern, denn er weiß, wenn es zum Erfolg führen soll, muss er es für sich behalten. Seine Mutter würde ihm seinen Plan ausreden. Also bereitet er sich in aller Stille vor.

Flug

Mathias Rust ist Sichtflieger, das heißt, er kann nur zu einer Jahreszeit fliegen, in der Sichtflug möglich ist. Deshalb wartet er bis zum Frühjahr und nutzt die Zeit bis dahin, um seine Reise vorzubereiten. Er besorgt sich als Erstes das notwendige Kartenmaterial. Das ist unkompliziert; es gibt einen Flugkartenversand, eine bundesdeutsche Firma, die amerikanische Karten vertreibt. Auch über die Sowjetunion. Das sind frei verkäufliche, für die Fliegerei bestimmte Flugkarten. So macht er sich mit möglichen Flugrouten vertraut. Einen guten Stadtplan von Moskau findet er im Buchhandel.

Der Hamburger Aero-Club verfügt über vier Flugzeuge, die man chartern kann. Rust entscheidet sich für das mit der größten Reichweite. Etwa 1600 Kilometer nonstop schafft die Cessna F 172 N »Skyhawk / Reims«. Er chartert den Himmelsfalken für drei Wochen im Mai.

Die Cessna 172 ist ein sogenannter Schulterdecker amerikanischer Produktion – ein unter Privatpiloten wegen seiner Gutmütigkeit äußerst beliebtes Flugzeug. Es gilt als robust und unverwüstlich, wenn auch als etwas langsam. Und man kann mit diesem Flieger auf jedem Stoppelacker gefahrlos landen. Hundertfünfzig Meter reichen, um zum Stillstand zu kommen.

Rust hat folgenden Plan: Er will zuerst nach Reykjavík fliegen, um auszuprobieren, ob er die Kraft und mentale Stärke hat für seine eigentliche Mission, den Flug nach Moskau. Ein Testflug, um sich selbst auf die Probe zu stellen, um zu sehen, ob er nicht den »Tadder« kriegt, wie er sagt. Dann hätte er sein Vorhaben abgebrochen, denn im Mai 1987 hat Rust gerade mal fünfzig Flugstunden absolviert. Eigentlich gilt die Regel, dass man mindestens das Zehnfache bewältigt haben sollte, um einen Flug über den Atlantik zu wagen. Und ihm ist auch klar, dass der Flug nach Moskau, wenn er ihn denn wagt, eine starke psychische Belastung sein wird. Von Reykjavík will er über Norwegen nach Helsinki fliegen, um von dort seine letzte Etappe anzugehen.

Es gibt zwei Gründe für den weiten Umweg über Island: Erstens sagt er sich, wenn er diesen langen Flug schafft, dann ist das letzte kleine Stück von Helsinki nach Moskau eher ein Katzensprung. Der zweite Grund ist ein spiritueller: Er will, so formuliert er es, den »Geist des großen Ereignisses« in sich aufnehmen, nämlich des Gipfeltreffens von Gorbatschow und Reagan.

Um Platz für sein Gepäck und seinen Navigationskoffer zu schaffen, baut er in Hamburg mit Hilfe seines Vaters den Sessel des Kopiloten und die hintere Sitzbank aus. Er verstaut einen Motorradhelm und mehrere Exemplare seines Gesellschaftsentwurfes »Lagonia« an Bord.

Und noch etwas bereitet er vor: Er besorgt sich goldfarbene selbstklebende Folie und bastelt heimlich etwas daraus, das er später einsetzen will.

Als Mathias Rust am 13. Mai 1987 um 10.51 Uhr vom Flugplatz Uetersen startet, ist er sich durchaus noch nicht sicher, ob er es wirklich wagen wird, seinen verwegenen Plan in die Tat umzusetzen.

Sein erster Halt ist Westerland auf Sylt. Dort tankt er und

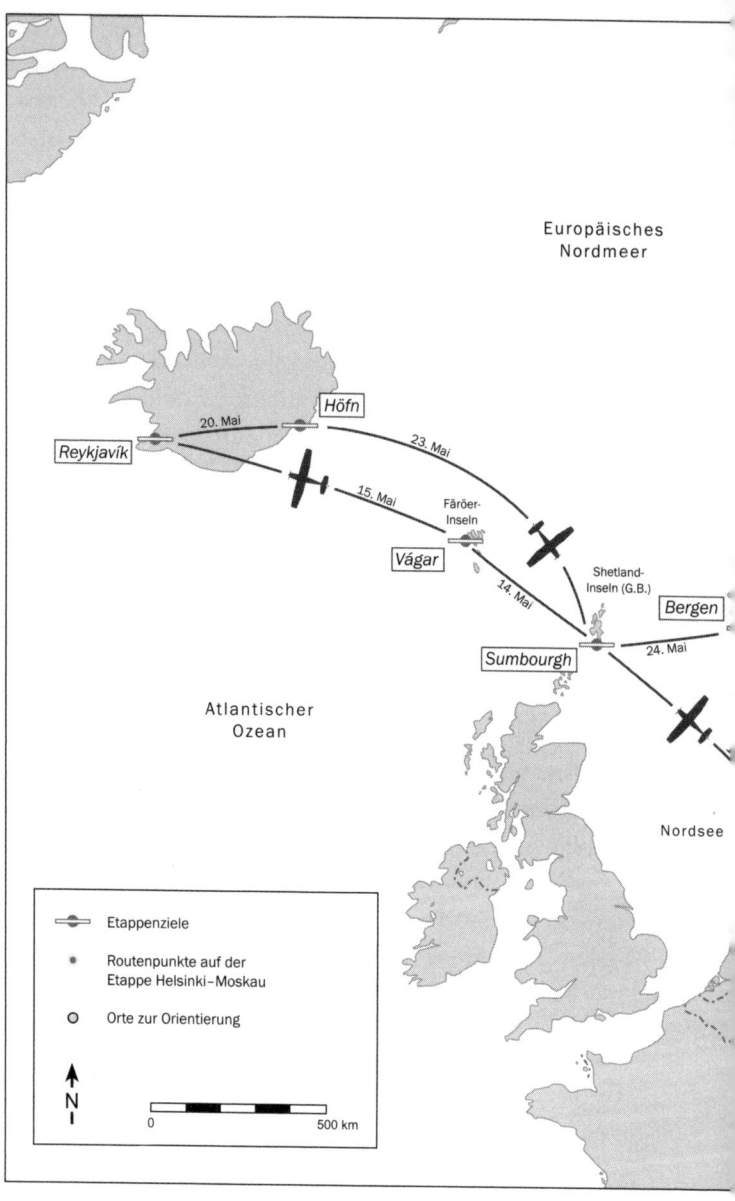

Die Flugroute von Mathias Rust im Mai 1987.

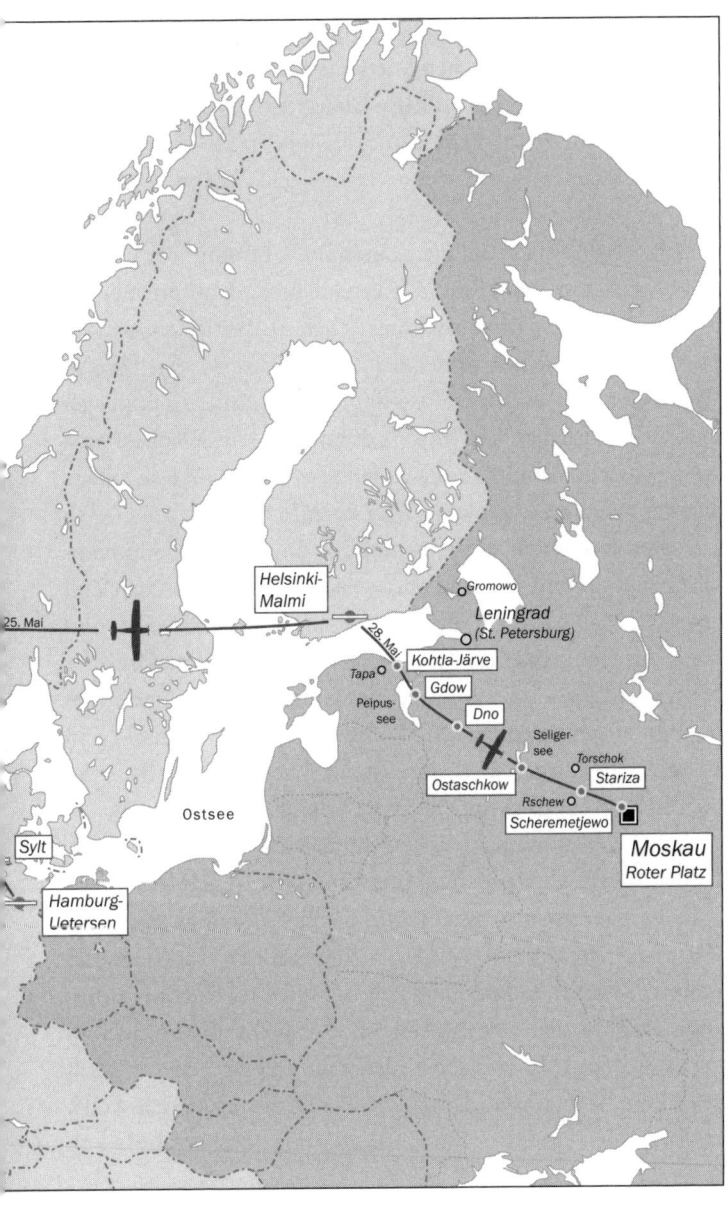

25. Mai

Helsinki-Malmi

Gromowo

Leningrad
(St. Petersburg)

28. Mai

Tapa

Kohtla-Järve

Gdow

Peipus-
see

Dno

Seliger-
see

Torschok

Stariza

Ostaschkow

Rschew

Scheremetjewo

Moskau
Roter Platz

Ostsee

Sylt

Hamburg-
Uetersen

25

erledigt die Zollabfertigung. Nun geht es weiter nach Sumbourgh auf den schottischen Shetland-Inseln, wo er nach fünfstündigem Flug über die Nordsee landet. Am nächsten Tag steuert er Vágar auf den zu Dänemark gehörenden Fäöer-Inseln an. Von dort fliegt er am 15. Mai nach Reykjavík / Island. Alles geht gut.

Acht Tage bleibt er auf der grünen Insel. Er nimmt sich einen Mietwagen, um zum Höfdi-House zu fahren, dem Ort, an dem die Gespräche zwischen den Staatschefs stattgefunden hatten. Nach einigem Suchen findet er es – das Haus ist verschlossen. Dennoch glaubt er den Geist des Ortes zu spüren. Er fühlt sich in seinem Vorhaben bestärkt. Er gönnt sich eine Woche Sightseeing, macht Rundflüge über der Insel und denkt an nichts anderes als an seine geplante Tour nach Moskau.

Als er von einem seiner Rundflüge über die wilde Vulkanlandschaft der Insel zurückkehrt, wird er vom isländischen Zoll erwartet. Man hätte ihn nicht über Funk erreichen können und habe ihn im Verdacht, dass er irgendwo gelandet wäre, um Nester geschützter Greifvögel auszunehmen und die Eier außer Landes zu schmuggeln. Offensichtlich ist das ein Problem in Island. Sein Flieger wird durchsucht – natürlich findet man nichts. Rust hat ganz andere Dinge vor, als Eier zu klauen.

Am 23. Mai fliegt er über Höfn an der Ostküste Islands zurück auf die Shetland-Inseln und von dort am 24. Mai weiter nach Bergen in Norwegen. Tags darauf geht es dann straff ostwärts nach Helsinki, wo er sich in der Stadt ein Hotelzimmer nimmt. Es ist Ende Mai noch kalt in Finnland, feucht und unangenehm. So grau und trostlos wie das Wetter sieht es auch in seiner Seele aus. Er ruft seine Eltern an und sagt, dass er noch zwei Tage bleiben und dann nach Hause zurückkehren wolle. In dieser Zeit macht er weite Spaziergänge, grübelt und kann sich nicht entscheiden.

Tatsächlich fällt die Entscheidung erst, als er am Himmelfahrtstag, dem 28. Mai, um 13.21 Uhr vom Flughafen Helsinki-Malmi abhebt. In der Luft geht alles plötzlich wie von selbst, er braucht nur noch seinem inneren Impuls zu folgen.

Als Zielort hat er in seinem Flugplan, den er im Flughafengebäude vorlegt, Stockholm angegeben, Flugzeit drei Stunden, Navigationsverfahren Sichtflug, Tanks voll. Der Chef des Flugplatzes Malmi, zehn Kilometer nordöstlich der Hauptstadt, wird später sagen, dass Letzteres ihm etwas seltsam vorkam – volle Tanks für einen Drei-Stunden-Flug? Diese Füllung hätte für acht Stunden gereicht!

Wie angegeben hebt Rust in westlicher Richtung ab. Doch dann verliert ihn die Radarkontrolle von den Bildschirmen, er taucht wenig später wieder auf, in südliche Richtung an der Küste entlangfliegend, dann in östliche Richtung abdrehend – und verschwindet endgültig. Vom Tower des Flughafens wird eine Vermisstenmeldung ausgegeben. Ein Hubschrauber entdeckt auf der Oberfläche einer Meeresbucht einen Ölfleck und alarmiert die Küstenwache. Rettungsboote laufen aus, Taucher suchen die vermeintlich abgestürzte Cessna – vergeblich. Die Such- und Rettungsaktion wird erst abgebrochen, als die Nachricht seiner Landung in Moskau eintrifft.

Währenddessen befindet sich Mathias Rust auf dem direkten Kurs von 117 Grad nach Moskau. So lange es geht, bleibt er auf diesem Radial, dann fliegt er nach Kompass. Und er ist nicht, wie später immer wieder behauptet werden wird, im Tiefflug unterwegs, um unter dem Radar der sowjetischen Luftabwehr durchzutauchen, sondern, ganz im Gegenteil, immer in wenigstens 600 Metern Höhe. Bewusst hält er die Maschine so hoch, um möglichst früh erfasst zu werden, denn er sagt sich, was man lange sieht, fürchtet man nicht. Er will nicht den Eindruck erwecken, dass sich da jemand auf Baumwipfelhöhe einschleicht, denn der hätte bestimmt schlechte Absichten – er jedoch kommt ja in freundlicher Absicht. Er will mit seinem Flug eine imaginäre Brücke schlagen zwischen Ost und West. Er will in Moskau auf dem Roten Platz landen. Er will mit Gorbatschow zusammentreffen, um ihm zu sagen, »*dass die Mehrheit der Bevölkerung im Westen an ihn glaubt und genauso von der Notwendigkeit von Friedensverhandlungen und dem Dialog überzeugt ist wie er auch*« und dass viele Menschen im Westen »*ein neues Kapitel im Buch des Friedens aufschlagen wollen. So waren meine Vorstellungen, so ganz naiv und jugendlich.*«

Er will Gorbatschow in seinen Friedens- und Abrüstungsbemühungen bestärken, er, der Mathias aus Wedel. Er befindet sich auf Friedensmission. Und deshalb hat er bei seinem Aufenthalt in Island Symbole auf sein Flugzeug geklebt, sein Missionssymbol, wie er es nennt, das er in Deutschland aus der goldfarbenen selbstklebenden Folie gebastelt hat. Sechs Stück hat er davon in Wedel angefertigt und klebt jeweils eins auf die Ober- und Unterseite der Tragflächen sowie rechts und links auf das Seitenleitwerk.

Das Symbol besteht aus fünf Teilen: in der Mitte eine Kugel, die die Erde symbolisiert, darüber, am Nordpol, ein Dreieck, das den Himmel darstellt, und darunter, am Südpol, drei ovale Beine, die Säulen, auf denen die Erde steht, Frieden, Freiheit und Hoffnung.

Die Genossen vom KGB werden später jedoch finden, dass das Ding eher »Little Boy« ähnelt, der Atombombe von Hiroshima.

Seine Friedensmission nähert sich jetzt der sowjetischen Küste. Bei Kohtla-Järve im Nordosten Estlands, damals Teil der UdSSR, dringt er, wie es so schön heißt, in den sowjetischen Luftraum ein. Er setzt seinen Motorradhelm auf und hofft, dass der ihm im Falle eines Abschusses das Leben rettet.

Rust erinnert sich heute, dass er sich fast in einem tranceartigen Zustand befunden hätte: »*Ich war nicht entspannt wie auf einem Rundflug oder Überlandflug, wie ich ihn vorher schon oft gemacht hatte. Es war eher so ein automatisierter Flug. Ich habe die Überwachungsgeräte, die Flughöhe, die Geschwindigkeit, die Notüberwachungsinstrumente kontrolliert, aber im Grunde genommen habe ich fast das Gefühl gehabt, als ob ich neben mir war. So eine Out-of-Body-Erfahrung, würde ich sagen. Das Lebensgefühl kam erst zurück, als ich in Moskau ausstieg, neben dem Flugzeug stand und wusste: Jetzt ist es vollbracht!«*

Aber noch ist es längst nicht so weit. Ungefähr nach einer Stunde Flugzeit taucht ein sowjetisches Militärflugzeug auf, ein zweisitziger Düsenjäger vom Typ MiG-23. Auf seiner linken Seite, etwas tiefer, zieht die Maschine an ihm vorbei. Rust kann die beiden Piloten in ihren orangefarbenen Overalls sehen, die weißen Helme, die Sauerstoffmasken, den roten Stern am Leitwerk:

»Das war ein Moment großen Schreckens, ich weiß noch, da war ich wie erstarrt, saß hinter dem Steuerhorn und hatte das Gefühl, dass mein Herz ziemlich tief in die Hose gerutscht war. Ich dachte: Oh Gott, jetzt ist der entscheidende Moment, jetzt wird sich entscheiden, was passiert. Entweder wird man mich jetzt auffordern zu folgen durch gewisse Flugmanöver, oder man wird mich abfangen, abschießen – oder es wird gar nichts geschehen.«

Das Follow-me-Signal ist ein Wackeln mit den Tragflächen. Dann ist man verpflichtet, zum nächsten Flugplatz oder Flugfeld zu folgen und zu landen. Das hätte er natürlich auch getan, sagt er, denn ansonsten hätte es wahrscheinlich Warnschüsse mit Leuchtspurmunition gegeben. Und wenn er auch darauf nicht reagiert hätte, dann, ja, *»dann hätten sie mich wohl runtergeholt«.*

Aber es geschieht nichts, kein Wackeln, keine Warnschüsse – der Jäger umkreist ihn noch einmal und verschwindet.

Dies ist auf seinem mehr als fünfstündigen Flug von Helsinki nach Moskau der einzige Kontakt mit der sowjetischen Luftabwehr. Später wird er seine KGB-Vernehmer fragen, was diese Begegnung in der Luft zu bedeuten gehabt habe, und wird die verblüffende Antwort erhalten, die Abwehr hätte ein Signal auf dem Radarschirm gehabt und wollte nur mal nachschauen, was da los sei.

Einen Versuch der Kontaktaufnahme über Funk gibt es auch nicht. Direkter Funkverkehr zwischen Militär- und Zivilmaschinen ist sowieso nicht möglich, da das Militär auf anderen, höheren Frequenzen sendet. Später wird man lesen können, er hätte sein Funkgerät abgeschaltet. Aber auch das stimmt nicht, seine Notfrequenz 121,50 Megahertz ist die ganze Zeit eingerastet. Er hat UKW-Radionavigation an Bord, ein System, das sich VOR nennt und Bodensignale bis ungefähr 150 Kilometer Entfernung empfangen kann. Auch die Behauptung, er wäre, um die sowjetische Hauptstadt zu finden, der schnurgeraden Bahntrasse Leningrad – Moskau gefolgt, ist Unsinn. Rust fliegt auf seinem Radial 117, der ihn weit westlich von der Bahntrasse nach Moskau führt.

Moskau

Auf seinem Flug sieht Rust ausgedehnte Wälder, einige Industrieanlagen, ein paar Seen – irgendwann zeichnet sich am Horizont die Silhouette einer großen Stadt ab: Moskau. Es ist kurz nach 18.00 Uhr. Er spürt eine gewisse Erleichterung. Jetzt wird ihm langsam klar, dass er es schaffen wird. Er setzt seinen Motorradhelm ab – über der großen Stadt werden sie ihn bestimmt nicht abschießen, denkt er.

Zuerst erkennt er das gewaltige Gebäude des Außenministeriums mit seinem spitzen Turm, ein typischer Bau der Stalin-Zeit. Doch den Roten Platz sucht er eine halbe Stunde lang vergeblich. Auf seiner Karte sind besonders markante Gebäude dreidimensional dargestellt. So findet er das Hotel Rossija, mit seinen 3170 Zimmern einst das größte Hotel der Welt:

»Ich habe dieses Gebäude aus der Luft gesehen, und da habe ich den Roten Platz entdeckt. Der war richtig mickrig und klein daneben. Ich dachte, oh Gott, hoffentlich stimmen die Dimensionen, dass ich da wirklich runterkomme. Und dann bin ich ein paar Mal gekreist und habe festgestellt, dass sich unheimlich viele Leute auf diesem Platz aufhielten.«

Was jetzt? Mehrmals überfliegt er den Platz in niedriger Höhe und versucht den Leuten zu verstehen zu geben, dass er landen will. Aber jedes Mal laufen die Menschen wieder in der Mitte zusammen. Und so entschließt er sich zu einer anderen Variante: »*Nachdem ich dreimal tief über den Roten Platz geflogen war, maximal zehn bis fünfzehn Meter Flughöhe nur, habe ich gedacht, das Risiko ist zu groß. Das war immer sehr schwierig, am Ende des Platzes wieder hochzukommen, da war ein hohes Gebäude und noch ein Baukran, da musste ich mich immer durchzirkeln. Nach dem dritten Mal dachte ich, beim vierten Mal geht es vielleicht nicht so gut, da lande ich zwischen den Zinnen. Ich musste eine Alternative finden.*

Dann habe gedacht, vielleicht kann ich im Kreml selbst landen? Das hätte auch geklappt, weil da wenige Leute waren – aber das war mir ein zu großes Risiko. Ich wollte die Leute, die Passanten, als Augenzeugen haben, weil ich vom KGB auch nichts Gutes gehört hatte. Ich dachte, wenn ich da ohne Augenzeugen lande, fangen die mich einfach weg, stecken mich in den Keller, und dann sagen die, da ist nichts gewesen! Und deswegen wollte ich da landen, wo mich alle sehen können, damit man mich eben nicht so beiseiteschaffen konnte.

Schließlich habe ich diese vierspurige Brücke entdeckt, die in unmittelbarer Nähe des Roten Platzes über die Moskwa führte, mit wenig Autoverkehr drauf. Da habe ich gedacht, das ist ja optimal, da lande ich, rolle zum Roten Platz und die Sache ist erfüllt.

So habe ich mich entschieden, dort zu landen. Aber im letzten Augenblick habe ich gesehen, dass da so Leitungen [des Trolleybusses] quer gespannt waren, damit hatte ich nun gar nicht gerechnet. Doch zwischen dem mittleren Leitungspaar hatte ich Gott sei Dank Platz genug; ich bin dazwischen durchgetaucht und auf der Brücke aufgesetzt.

Rechts von mir fuhr ein blauer Lada, das weiß ich noch. Ein Mann guckte seitlich rüber und kriegte ganz große Augen. Ich dachte, hoffentlich verliert der jetzt nicht die Kontrolle über sein Auto, sonst ist es für uns beide aus. Aber der fuhr locker weiter, und ich hab mich gefragt, was der wohl jetzt denkt, dass ihn da von links ein Flugzeug überholt!?

Der Rote Platz in Moskau Mitte der achtziger Jahre; links der Kreml mit dem Spasski-Turm, dahinter das Intourist-Hotel, in der Mitte das Historische Museum, rechts die Basilius-Kathedrale.

Dann habe ich die Maschine ausrollen lassen. Aber auf den Roten Platz selbst konnte ich nicht rollen, weil direkt neben der Basilius-Kathedrale Poller und Ketten gespannt waren, da kam ich mit dem Flieger nicht rüber. Und deshalb habe ich das Flugzeug direkt davor abgestellt.«

Mathias Rust schaltet das Triebwerk aus und atmet erst mal tief durch. Dann springt er in seinem knallroten Overall aus der Maschine. Er steht tatsächlich im Zentrum Moskaus. Die Kreml-Uhr zeigt genau 18.43 Uhr. Es sind fast fünfeinhalb Stunden vergangen, seit er Helsinki verlassen hat. Er spürt große Erleichterung, ein Fels fällt ihm vom Herzen. Er hat es geschafft.

In Moskau findet gerade der 7. Weltkongress der »Ärzte für nukleare Abrüstung« statt. Einer der Teilnehmer, der britische Arzt Robin Stott, geht in einer Konferenzpause über den Roten Platz, just in dem Augenblick, als Rust seine Runden zieht und schließlich landet. Er hat eine Videokamera dabei und macht Aufnahmen von dem unglaublichen Ereignis. Auch ein sowjetischer Bürger filmt mit einer Super-8-Kamera. Diesen Film und alle Fotos, die von sowjetischen Bürgern gemacht werden, wird der KGB später beschlagnahmen. Stott gelingt es jedoch, seine Kamera zu verstecken und seine Aufnahmen aus dem Lande zu bringen. Er wird das sensationelle Zeitdokument für einen fünfstelligen Dollar-Betrag an die NBC verkaufen. Noch heute kann man diese Bilder von der Landung im Internet bewundern.

An diesem 28. Mai des Jahres 1987 spricht Stott Rust jedoch nicht an. Erst Jahre später wird er sich mit ihm in Verbindung setzen.

Jetzt steht die Cessna 172 mit der deutschen Kennung D-ECJB und den aufgeklebten Missionssymbolen nicht auf, aber immerhin am Roten Platz. Es dauert einige Zeit, bis sich die Menschen heranwagen, aber dann ist er umringt – das Bild

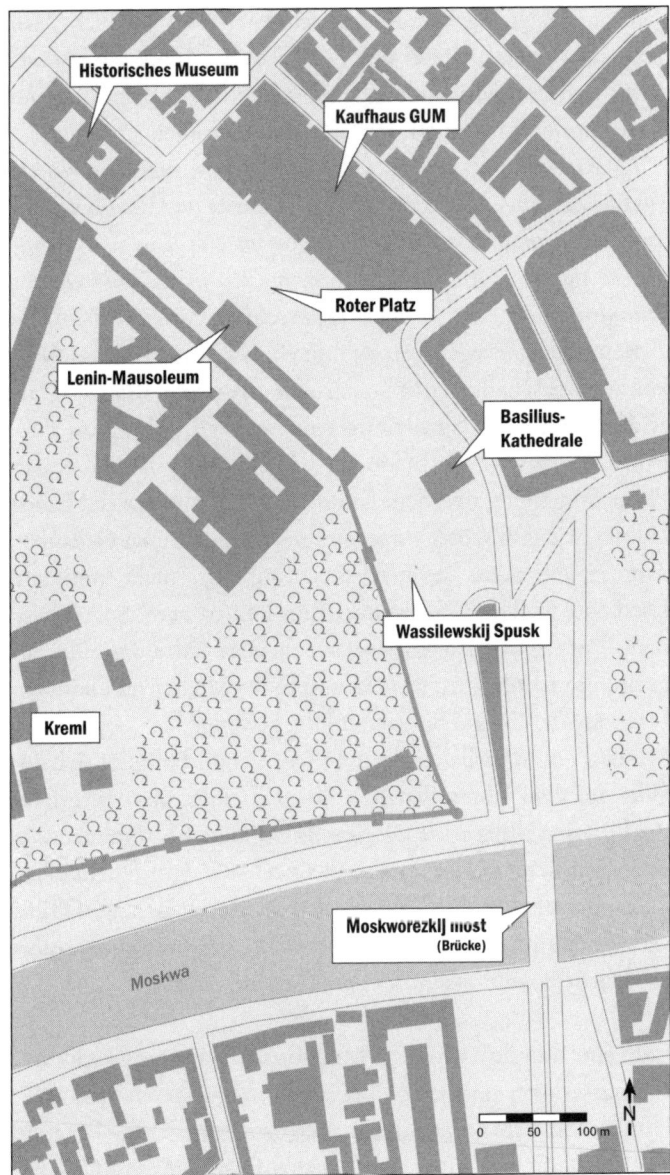

Da der Rote Platz mit Menschen gefüllt ist, findet die Landung am 28. Mai 1987 auf der Brücke über die Moskwa südlich davon statt.

wird um die Welt gehen. Rust spricht kein Wort Russisch. Aber ganz gut Englisch. Unter den Leuten ist ein Schüler von fünf-zehn, sechzehn Jahren, der ebenfalls Englisch spricht. So kann Rust mit den Moskauern ins Gespräch kommen:

»Die haben mich gefragt, woher ich komme, und da sagte ich: aus Deutschland. Und warum? Wegen Frieden und Verständigung, sagte ich – und da klatschten die Russen alle! Das war richtig Wasser auf meine Mühlen! Das hatte ich mir in meinen kühnsten Träumen erhofft, und jetzt war es tatsächlich so!«

Besonders bewegt ist er, als ihm eine Frau ein Brot als Will-kommensgeschenk reicht – ein alter russischer Brauch. Dass er die Gefühle der Sowjetbürger mit seiner Landung im Zen-trum Moskaus – dem nationalen Heiligtum mit dem Roten Platz, dem Kreml und dem Lenin-Mausoleum – verletzt haben könnte, wie ihm später vorgeworfen wird, auf diesen Gedanken kann er angesichts des herzlichen Empfangs nicht kommen. Die Leute wollen Autogramme, Rust gibt sie gern. Später wird man ihm daraus den Vorwurf machen, er hätte das alles nur getan, um berühmt zu werden und in die Medien zu kommen. Das wäre der Grund für seinen Flug gewesen.

Auch ein Mitarbeiter der DDR-Botschaft befindet sich zu-fällig auf dem Roten Platz. Er überlegt einen Moment, ob er der hilflosen Miliz seine Dienste als Dolmetscher anbieten soll, unterlässt es dann aber vorsichtshalber. Auch vor seinem Chef, DDR-Botschafter Gerd König, verschweigt er den Vorfall. Er verletzt damit seine Pflicht, »besondere Vorkommnisse« sofort zu berichten, und bekommt anschließend Ärger.[9]

Etwa eine Stunde nach Rusts Landung fährt eine große schwarze Limousine vor, und jetzt spielt sich eine Szene wie aus einer Filmkomödie ab: Dem Auto entsteigt ein Zwei-Meter-Mann in dunkler Uniform, mit vielen Orden auf der Brust, und kommt mit finsterem Blick auf ihn zu. An der Reaktion der Leute merkt Rust, der Mann muss wichtig sein. Der Uniformierte stellt sich

Abstellplatz der Maschine auf dem Wassilij-Abhang vor der Basilius-Kathedrale. Der Weg auf den Roten Platz ist durch Poller versperrt.

vor, der Junge übersetzt – es ist kein Geringerer als der Polizeichef von Moskau! Seine Leute hätten ihn angerufen: Hier steht
ein Flugzeug auf dem Roten Platz! Da hätte er gesagt, seid ihr
betrunken oder was? Er hätte denen nicht geglaubt, und deshalb
sei er hergekommen, um sich selbst zu überzeugen. Und dann,
so erinnert sich Rust, entspann sich folgender Dialog:

»Was wollen Sie denn hier, junger Mann?«

»Ich bin hierhergeflogen, um einen Beitrag zur Völkerver-
ständigung zu leisten. Ich will mit meinem Flug eine imaginäre
Brücke zwischen Ost und West schlagen, ein neues Kapitel im
Buch des Friedens aufschlagen …«

»Ja, schön und gut, zeigen Sie mal ihren Ausweis.«

Rust gibt ihm seinen Reisepass, der Polizeichef blättert ihn
durch und stellt fest:

»Da ist ja kein Einreisevisum drin!«

»Nee, hab ich nicht.«

»Warum haben Sie keinen Antrag gestellt?«

»Wenn ich beantragt hätte, mit dem Flugzeug nach Moskau
zu fliegen, was hätten Sie denn dann gemacht?«

»Na, ganz klar, abgelehnt! Aber Superidee, ihre Initiative
finde ich toll, Waffen weg, und wir brauchen wirklich Frieden,
finde ich toll. Aber beim nächsten Mal: Antrag stellen!«

Rust: »*Und dann hat er mir alles Gute gewünscht, alles andere
werde sich klären, und weg war er. Auf dem Platz waren alle so
fröhlich. Und uns haben sie die Russen immer so bösartig mit krie-
gerischen Gebärden dargestellt, als Monster, die nicht einmal ihre
eigenen Kinder lieben.*[10] *Nun war es aber so, wie ich es mir immer
erhofft hatte. Das hat mich sehr glücklich gemacht. Ich wusste nicht,
was jetzt noch auf mich zukommt, aber zumindest dieser Moment
hat alles wettgemacht, was mich vorher so zweifeln ließ.*«

Zunächst kommen Armee-Lastwagen auf ihn zu. Soldaten
springen ab und beginnen, den Platz abzusperren und die Leute
abzudrängen. Die lassen sich nur widerwillig auseinandertrei-

Nach der Landung: Angehörige von Militär und Sicherheitsdienst kontrollieren die Maschine. Auf dem Seitenleitwerk ist deutlich Rusts »Missionssymbol« zu erkennen, das Frieden, Freiheit und Hoffnung darstellen soll.

ben, die Soldaten drücken mit den Gewehren. Sein junger Dolmetscher übersetzt ihm, dass die Leute nicht gehen wollen, weil sie ihn beschützen möchten, vor dem KGB. Das findet er beeindruckend, dass die Menschen seinetwegen, eines Westdeutschen, eines Klassenfeinds wegen sozusagen, bleiben wollten, so lange es geht. Als der Platz schließlich geräumt ist, werden Absperrgitter um Rust und sein Flugzeug aufgestellt.

Eine Weile steht er nun hinter den Gittern und wartet, was als Nächstes kommen wird. Es ist ein Auto Marke »Wolga«, ihm entsteigen fünf Männer. Drei kommen auf ihn zu, zwei um die vierzig und ein Jüngerer, der Dolmetscher, wie sich herausstellt: »Wir heißen Sie willkommen in Moskau. Die beiden Herren neben mir sind vom Komitee für Staatssicherheit, und sie würden Ihnen gern ein paar Fragen stellen.« »Komitee für Staatssicherheit« sagt ihm nichts, er weiß nicht, dass dies der KGB ist. Auch sie verlangen seinen Pass und bitten ihn, die Maschine aufzuschließen. Sie würden gern nachsehen, ob er Waffen an Bord hätte. Rust entfernt die Wolldecke, die er über sein Gepäck gebreitet hat, und die Herren überzeugen sich, dass er nichts Gefährliches mit sich führt.

Es ist kalt in Moskau an diesem Abend, nicht mehr als sechs Grad Celsius. Alle frieren, und man überlegt, wie es weitergeht. Das Problem ist, sie sind mit Rust sechs Personen und haben nur einen Wolga. Die Stimmung jedoch ist ausgelassen und fröhlich. Schließlich setzt man ihn hinten in die Mitte, dazu zwei Mann links, einer rechts, zwei vorn und ab geht's zur Polizeiwache am Roten Platz. Da wolle man das Gespräch fortsetzen.

»Diese Fröhlichkeit im Auto«, sagt Rust, *»das hatte ich Wochen vorher schon mal irgendwie geträumt, das war alles so vertraut, ein Déjà-vu. Das war für mich die Bestätigung, dass ich die richtige Entscheidung getroffen hatte.*

Wir haben die erste Stunde in einem etwas verfallenen Polizeirevier verbracht. Sie haben sich dafür entschuldigt, wie es dort aussah, die Farbe blätterte von der Wand, das Mobiliar war abgenutzt. Der Dolmetscher sagte, sie haben deswegen gerade einen Offizier abgemahnt.

Dann musste ich erst mal meine Kleidung ausziehen, die haben sie dann durchsucht, ob da irgendwelche Sachen drin waren, Abhörgeräte oder Sender, was weiß ich. Und dann haben sie mir die ersten Fragen gestellt, woher ich denn kommen würde, wie ich heiße, ob ich Hintermänner hätte. Das war ihnen wichtig, ob ich aus Eigeninitiative gekommen wäre oder ob mich irgendjemand geschickt hätte. Sie haben mir von vornherein gesagt: Mathias, überleg dir das: Wenn du uns das jetzt nicht erzählst, wir werden das sowieso rausbekommen. Und dann geht es dir viel, viel schlechter, als wenn du von vornherein zugibst, wer hinter der ganzen Sache steckt. Ich sagte, ich wäre auf mich allein gestellt, ich hätte keine Hintermänner. Gut, das werden wir überprüfen. Eine Dreiviertelstunde später sagten sie mir dann, wir würden jetzt in ein anderes Gebäude fahren, das bessere Voraussetzungen für die weitere Vernehmung bieten würde. Dann sind wir in dieses Lefortowo-Gefängnis gefahren, da wurde die Vernehmung fortgesetzt. Aber der Ton war weiterhin sehr freundlich.«

Was Mathias Rust in diesem Moment noch nicht weiß: Er wird das Gebäude die nächsten vierzehn Monate nicht mehr verlassen.

Seine Cessna wird nachts um drei abtransportiert.

41

Gorbatschow

Gorbatschow ist 1987 dabei, sein Land von Grund auf umzukrempeln. Er nennt es Perestroika – Umbau. Aber wo anfangen? Auf einem internen Treffen mit Abteilungsleitern des KPdSU-Zentralkomitees am 16. Dezember 1986 hatte er zu einem verbalen Rundumschlag ausgeholt:

»Guckt euch unsere Minister an! Und besonders ihre Umgebung! Die richten unsere Ziele zugrunde. Alle siebzig und älter, alles Faulenzer! Im Außenministerium sind alle miteinander versippt und verschwägert, achthundert Mann! Und in den Botschaften? Knaben, die sich vor allem aufs Einkaufen verstehen. In manchen Botschaften wird hauptsächlich getrunken und gefeiert!

Überall im Lande sitzen kleine Fürsten, alles hängt von ihnen ab – alle sind ihnen verpflichtet. Karrieristen drängen in die Partei, Parteilose werden nicht befördert. Die Hauptsorgen des Offizierskorps: Jagen und Angeln! Der KGB klagt permanent, dass es zu wenig Gefängnisse gibt. Muss man neue Straflager bauen lassen? Und wer sind die Richter? Halbe Analphabeten! Waren für zehn Milliarden werden bei uns auf dem Schwarzmarkt umgesetzt. Und ihr sucht diese Waren, wo? Im Politbüro? Sollen wir hier Strümpfe stricken!

Moskau riecht immer noch nach gar nichts! Ich meine leckere Piroschki, Süßigkeiten und so was! Es müssen statt Büros Cafés her – mit Bliny, Tschebureki. Die jungen Leute können nirgendwo sitzen, sie stehen in den Hauseingängen herum! Das Leben fordert seinen Tribut: Wir haben im Ergebnis Schattenwirtschaft und Diebererei.«[11]

Gorbatschow ist voller Ungeduld, er kommt mit seinen Reformen nicht voran.

ARD-Korrespondentin Gabriele Krone-Schmalz beschreibt die Atmosphäre im Land so:

»Diese Aufbruchsstimmung, diese Motivation, diese unglaubliche Kraft, dieses Ärmelhochkrempeln und wir machen jetzt was draus, dieses ›Wir sitzen alle in einem Boot, die Amerikaner, die Russen, die Sowjets, die Deutschen, egal, wir haben nur diese eine Welt‹ – das sind Ideen gewesen, die Gorbatschow verbreitet hat und die in der Gesellschaft aufgeblüht sind. Das hat eigentlich wirklich alle mitgerissen. Zumindest eine gewisse Zeit lang. Und dann fing es an, dass die Menschen ungeduldig wurden, so nach dem Motto: Na ja, jetzt könnt's uns eigentlich schon mal ein bisschen besser gehen, das greift nicht schnell genug. Und das ist dann der Punkt, wo diejenigen, die in der Opposition sind oder denen sonst irgendwas nicht passt, sich einmischen, und dann geht das große Gezerre los. Das war wirklich eine Gratwanderung, die Gorbatschow da zu bestreiten hatte. Wenn es zu schnell gegangen wäre, hätte er sicherlich die Gesellschaft überfordert – in Teilen war die Entwicklung auch zu schnell, das muss man ja erst mal alles nachvollziehen. Und zu langsam? Dafür hatte er keine Zeit. Es war schwer für ihn, diese Gratwanderung heil zu überstehen.«

Die Versorgungslage aber bleibt trotz aller eingeleiteten Maßnahmen schlecht.

Es sind die Funktionäre in den Partei- und Verwaltungsstrukturen, dem sogenannten Apparat, die verbal die Veränderungen zwar begrüßen, in Wahrheit jedoch zähen und passiven Widerstand leisten. Gorbatschow erinnert sich:

»In der Sitzung des Politbüros vom 24. April [1986] erörterten wir die Frage, warum die Perestroika nicht wirklich griff. Wir stellten fest, daß unser Anliegen an dem aufgeblähten Partei- und Staatsapparat scheiterte, der, einem Damm gleich, den Reformen im Wege stehe. Im Mai 85 hatte ich gesagt, daß wir allen die Chance zu neuem Handeln böten, und die Zeit, die seither verstrichen war, überzeugte mich von der Notwendigkeit, eine härtere Gangart einzulegen. Es ging ja nicht mehr nur um Mißverständnisse oder Unvermögen, sondern bereits um Sabotage. Ich machte meine Kollegen auf eine Veröffentlichung aufmerksam …, in der es hieß: ›Der Apparat hat schon Chruschtschow das Genick gebrochen. Das wird auch jetzt geschehen.‹«[12]

Nach dieser Erkenntnis setzt Gorbatschow in der Folgezeit ein gewaltiges Kaderkarussell in Gang. Ein Drittel der regionalen Parteichefs und vierzig Prozent der ZK-Sekretäre werden ausgetauscht. »Der Spiegel« bilanziert 1988: »Inzwischen sind aus dem ZK, das 1986 noch 307 Mann stark war, 70 Mitglieder ausgeschieden, fast ausnahmslos Industriebosse, Rüstungsexperten und Militärs. Von den verbliebenen sind nur noch neun in der Zeit des Hoch-Stalinismus zwischen 1931 und 1940 in die Partei eingetreten. Und von den 55 Gebiets- und Regionalparteichefs der Russischen Föderation stammen nur noch drei aus der Breschnew-Zeit. Ebenso sind nur noch 3 der insgesamt 110 Minister im Amt, die in 18 Breschnew-Jahren ein Ressort geführt haben.«[13]

Als Mathias Rust in Sachen Frieden im Mai 87, aus dem Westen kommend, im Zentrum der Sowjetunion einschwebt, um mit Gorbatschow zu reden, ist dieser gerade nicht in Moskau. Auch er ist auf Friedensmission. Die Nachricht von der Landung erreicht ihn in Ostdeutschland. In Berlin tagt der Politische Beratende Ausschuss des Warschauer Paktes: Gorbatschow hat die Staatschefs des Ostblocks versammelt, um ihnen die neue

Zum Zeitpunkt der Landung war Michail Gorbatschow nicht im Kreml, sondern zur Tagung des Politischen Beratenden Ausschusses der Teilnehmerstaaten des Warschauer Vertrages in Ost-Berlin; von links nach rechts: Gustáv Husák (Tschechoslowakei), Todor Schiwkow (Bulgarien), Erich Honecker (DDR), Michail Gorbatschow (Sowjetunion), Nicolae Ceauşescu (Rumänien), Wojciech Jaruzelski (Polen), János Kádár (Ungarn).

Militärdoktrin zu erläutern. Sie ist, im Gegensatz zu Breschnews Doktrin aus dem Jahre 1968, defensiv ausgerichtet.[14] Niemals, erklärt er seinen erstaunten Verbündeten, werde die Sowjetunion einen Krieg gegen andere Länder beginnen, ja, es sei notwendig, den Krieg »ein für alle Mal« aus dem Leben der Menschheit zu verbannen. Das betreffe auch die eigenen Alliierten, es werde keine Einmischung in deren innere Angelegenheiten geben. Jeder sei nun selbst für seinen Weg verantwortlich.

Mit Gorbatschow und seiner neuen Crew ist auch eine neue Lockerheit in die sowjetische Politik eingezogen. Sein außenpolitischer Sprecher Gennadi Gerassimow nennt den neuen Grundsatz auf einer Pressekonferenz launig »Sinatra-Doktrin« – nach Frank Sinatras weltbekanntem Lied »My Way«. Und so geht das neue Konzept auch in die Geschichtsbücher ein.

Den sozialistischen Staatschefs wird an diesem Tag klargeworden sein, dass es nun »ein für alle Mal« vorbei ist mit machterhaltenden bewaffneten Interventionen wie 1956 in Ungarn und 1968 in Prag.

Interessant und erhellend ist in diesem Zusammenhang, was Anatolij Tschernjajew bereits elf Jahre zuvor, am 2. Januar 1976, in seinem Tagebuch festhielt. Damals bereitet man die Rede Breschnews auf dem bevorstehenden XXV. Parteitag der KPdSU vor: »Bei einer Rauchpause erinnerte Breschnew daran, daß die NATO-Militärs in den Verhandlungen mit dem Angebot aufgetreten sind: Sie wollen aus Europa 1000 Raketen mit Atomsprengköpfen abziehen und wir 1000 Panzer. Das ist ein Vorschlag, um die Verhandlungen über den toten Punkt zu bringen. ›Vom Standpunkt der Sicherheit‹, setzt Breschnew fort, ›gibt es offenbar keine Hindernisse. Weder die Amerikaner noch die Deutschen werden uns nach solch einer Vereinbarung überfallen. (...) Die Frage ist eine andere: Die Freunde in den sozialistischen Ländern werden dagegen sein. Sie brauchen unsere Panzer aus ganz anderen Gründen.‹«[15]

Valentin Falin: *»Als im Jahr 1987 das Treffen der Länder des Warschauer Paktes stattfand, wurde auf unsere Initiative die ganze bisherige Doktrin reformiert. Defensive ist ausreichend, wir bräuchten es nicht mehr, besser als die USA zu sein. Wir bräuchten die Fähigkeit, präventive Schläge zu versetzen, nicht mehr. Es war nicht so einfach, die Oberhäupter der DDR und aller anderen Länder des Warschauer Paktes zu überzeugen, diese Reform durchzuführen.«*

Doch selbst bei der defensiven Verteidigung gibt es offenbar Probleme. Mitten in die Beratung platzte die Rust-Nachricht aus Moskau. Gorbatschow erinnert sich: »Ich war gerade auf einer Tagung des Politischen Beratenden Ausschusses der Warschauer Vertragsorganisation in Berlin, an der auch Gromyko, Ryschkow, Schewardnadse, Sokolow und Medwedjew teilnahmen, als mich die Nachricht (von der Landung des Kreml-Fliegers) erreichte, und man kann sich leicht vorstellen, was ich empfand, als ich von dem Vorfall hörte.«[16]

Wahrscheinlich hat ihn Honecker als Erster informiert. Das jedenfalls glaubt DDR-Botschafter König.[17] Und Honecker hat es wohl aus westlichen Quellen. Wenn das so stimmt, dürfte das Gorbatschows Verärgerung eher noch vergrößert haben. Man kann sich vorstellen, mit welch innerer Schadenfreude Honecker die Botschaft überbracht hat. Er kann den neuen Generalsekretär nicht leiden, ja, er hält ihn gar für einen Verräter an der sozialistischen Sache. Und auch Gorbatschows Sympathien für den DDR-Staatschef halten sich in engen Grenzen – unter vier Augen nennt er ihn schon mal einen Mistkerl.[18]

Als eine Ohrfeige hätte Gorbatschow den »Vorfall« empfunden, so später die offizielle Verlautbarung. Auf dem Rückflug von Berlin macht Schewardnadse den sarkastischen Vorschlag, »gute Miene zum bösen Spiel zu machen, die Affäre als einen Witz zu behandeln: Unsere Raketen schießen keine Friedensstifter ab.«[19] Ein gut gemeinter Rat, dem Gorbatschow aber nicht folgen wird.

Gerassimow, der am selben Tag wie Rust von Helsinki nach Moskau fliegt, natürlich in einem größeren Flugzeug, witzelt: »Ich dachte zuerst, das sei die Vorhut von Bundespräsident von Weizsäcker. Hätte ich unterwegs nach unten geschaut, hätte ich ihn vielleicht gesehen.«[20] Ein Besuch des deutschen Bundespräsidenten in Moskau ist für den Juli geplant.

»Meine erste Reaktion auf das Landen von Mathias Rust auf dem Roten Platz war, dass wir ihm dafür dankbar sein sollten, dass er den Mythos der Undurchdringlichkeit unserer Luftabwehr zunichte gemacht hat«, meint Valentin Falin, *»das habe ich auch einer Hamburger Zeitung gesagt. Für Gorbatschow war es ein guter Anlass, um ernsthafte Reformen in unserer Militärleitung durchzusetzen. Es war auch allen bekannt, dass die Militärspitze der sowjetischen Armee gegen Reformen war und besonders gegen die Idee der defensiven Zulänglichkeit. Diejenigen, die für die Entwicklung der Militärtechnik zuständig waren, meinten, dass wir eine aggressivere und offensivere Haltung einnehmen sollten.«*

Der Generalsekretär hat zwei Möglichkeiten, auf den »Vorfall« zu reagieren: Er kann Größe zeigen, das tollkühne Ereignis propagandistisch nutzen, um zu zeigen, wie offen (in jeder Hinsicht) die neue Sowjetunion in Zeiten von Glasnost und Perestroika geworden ist. Ein Bürger aus dem Westen, der gekommen ist, um ihn in seinen Friedens- und Abrüstungsbemühungen zu bestärken, das passt doch ausgezeichnet zu seinen Vorstellungen vom gemeinsamen Haus Europa. Valentin Falin rät ihm in einem Memorandum dazu: »Es liegt nicht in unserem Interesse, die Sache zu überspitzen. Besser ist es, diesen Zwischenfall zu nutzen, um das Positivum unserer neuen politischen Philosophie zu demonstrieren.«[21]

Oder er kann das Ereignis als ernstes Problem behandeln und dazu nutzen, mit seinen schwerfälligen und reformunwilligen Militärs abzurechnen. Der pragmatische Politiker entscheidet sich für die zweite Möglichkeit.

Gorbatschow: »Wie gewöhnlich kehrten wir mit zwei Flugzeugen nach Moskau zurück, da die Führung nie zusammen flog. Immer wieder kam das Gespräch auf den Flug von Rust. Meine Begleiter meinten, daß gegen die Schuldigen, vor allem gegen die Führung des Verteidigungsministeriums, strengste Maßnahmen ergriffen werden sollten. Sokolow müsse gehen, und dies um so mehr, als sich bei den Streitkräften schon früher Mißstände bemerkbar gemacht hätten.«[22]

Diese Missstände, die der Generalsekretär hier andeutet, sind tatsächlich vorhanden und weit verbreitet: Disziplinlosigkeiten, Alkoholismus und die sogenannte »Dedowschtschina«, das brutale und sadistische Schikanieren jüngerer Soldaten durch ältere, ein Problem, das dramatische Ausmaße erreicht hatte, aber lange totgeschwiegen wurde.[23]

Ist es also eiskaltes Kalkül, oder ist Gorbatschow in der Tat zutiefst entrüstet? Für Letzteres spricht ein Telefonat. Am Abend des 30. Mai, also nach der außerordentlichen Politbürositzung mit der Absetzung Sokolows und Koldunows, ruft er seinen Berater Tschernjajew an: »Sie [die Generale] haben dem Land Schande bereitet und das Volk erniedrigt. Aber mögen jetzt alle im Westen erkennen, wer bei uns die Macht hat, in der politischen Führung und im Politbüro. Jetzt schweigen schon die Schwätzer, die behaupten, dass die Militärs in Opposition zu Gorbatschow sind, dass sie ihn absetzen werden, wenn er auch nur einen Blick auf sie wirft. – Er erzählte mir das alles sehr zornig und mit langen Pausen. Offensichtlich wollte er sich entspannen.«[24]

Hier wird deutlich, welche Emotionen im Spiel sind, unter welchem Druck der Gensek steht, aber auch, dass er selbst in dieser erregten Gemütsverfassung den Blick auf die »große Weltpolitik« nicht verliert. Seine Reaktion auf den Vorfall ist offensichtlich auch eine dringend notwendige Demonstration von Macht und Stärke, zum Beispiel in Richtung Washington.

An dieser Stelle ein paar Worte zu Anatolij Tschernjajew. Er ist der Wichtigste und Einflussreichste der drei Gorbatschow-Berater. Der Kremlchef nennt ihn sogar sein Alter Ego! Die anderen beiden Berater sind Wadim Medwedjew und Georgij Schachnasarow.

Tschernjajew ist ein außerordentlich scharfer, kritischer und leidenschaftlicher Beobachter seiner Zeit und fleißiger Tagebuchschreiber. Diese Aufzeichnungen verarbeitet er später in verschiedenen Publikationen, unter anderem in seinem deutschen Tagebuch. Der promovierte Historiker (neue westeuropäische Geschichte) macht in der Internationalen Abteilung des ZK der KPdSU Karriere.[25]

Er ist ein weltoffener Mann, in Westeuropa ebenso zu Hause wie in den Wandelgängen der sowjetischen Politik. Den Freuden des Lebens ist er durchaus zugetan und hat offensichtlich ein waches Auge für weibliche Schönheit – etwa im März 1973 in Ostberlin: »Zufällig begegnete ich Sascha Khenin, dem zweiten Sekretär der KP Israels, der sich mit seiner Tochter in der DDR erholte. Die Tochter ist eine wahre jüdische Gottheit. Ich war buchstäblich sprachlos, als ich mich umdrehte, um ihr die Hand zu geben. Eine so schöne Frau habe ich vorher noch nie, weder auf Bildern oder im Kino oder im Leben, gesehen.«[26]

»Die deutschen Frauen«, stellt er, ebenfalls im März 1973, bei einem Besuch in der BRD fest, »sind schön, rassig, gepflegt, vollbusig, geschmackvoll und reich gekleidet. Sie sind die Kraft der Nation. So viele schöne Frauen auf einmal traf ich in keinem anderen Land.«[27]

Laut »Spiegel« hat er Gorbatschow ein Jahr früher, im Jahre 1972, kennengelernt, als der noch Parteisekretär in der Provinz Stawropol war. Er begleitet den zukünftigen Sowjetführer auf einer seiner ersten Auslandsreisen und schleppt ihn in Amsterdam ins Pornokino: »Er wurde sichtlich verlegen.«[28]

Das hat Tschernjajew offensichtlich nicht geschadet, denn

am 31. Januar 1986 bekommt er einen Anruf: Gorbatschow bietet ihm an, sein Berater zu werden.[29]

Gorbatschow muss gewusst haben, wie sein neuer Berater tickt, denn dessen Vorstellungen stimmen mit den politischen Visionen Gorbatschows auffallend überein. Schon einen Tag nach dem Ableben Breschnews (am 10. November 1982) notiert Tschernjajew in seinem Tagebuch einen Fünfzehn-Punkte-Katalog der seiner Ansicht wichtigsten Sofortmaßnahmen – alles Dinge, die Gorbatschow ab 1985 unter den Schlagworten Perestroika und Glasnost in Angriff nehmen wird:

»Afghanistan verlassen ... Das Prinzip ›was unseren Zwecken nicht dient, ist unzulässig, wird nicht erlaubt‹, muß wegfallen. Möge jedes Land tun, was es für richtig hält. ... Die Raketen SS-20 aus Europa abziehen. ... Den Militär-Industrie-Komplex verringern ... 70 bis 80 % der Minister müssen in Rente geschickt werden ... Personenkulterscheinungen beenden ... Die Presse muß mehr Rechte haben ... die Wahrheit zu sagen« usw.[30]

2006 erscheint in Russland ein dickes Buch mit dem drögen Titel »Im Politbüro des ZK der KPdSU«. Aber dieser Acht-hundert-Seiten-Wälzer ist alles andere als langweilig. Er beinhaltet Notizen aller drei Gorbatschow-Berater aus den Jahren 1985 bis 1991. Dazu muss man wissen: Seit Stalins Zeiten ist es im Politbüro streng verboten, irgendetwas aufzuschreiben, das gilt auch für dessen Mitglieder. Dementsprechend böse gucken die hohen Politfunktionäre, wenn die drei Berater sich Notizen machen und mitstenografieren. Aber da der Generalsekretär es stillschweigend duldet, wagt keiner, etwas zu sagen. Diesem Umstand verdanken wir einen hochinteressanten Blick hinter die Kulissen! Die Berater protokollieren, was und wie tatsächlich gesprochen wird. Im Gegensatz zur trockenen Sprache der offiziellen Protokolle wird hier deutlich, mit welchen Emotionen um die neue Politik im Lande und international gerungen wird.

Und so halten Tschernjajew, Medwedjew und Schachnasarow den Ablauf der außerordentlichen Politbürositzung vom 30. Mai 1987 zum Thema »Über die Landung von Rust auf dem Roten Platz« fest, die am Beginn unseres Buches bereits erwähnt wurde. Hier das vollständige Stenogramm:

»Gromyko: Grenzverletzer muß man abschießen! In diesem Fall muß man Rust streng bestrafen.

Ligatschow: Der Flug von Rust hat Zweifel in unsere Verteidigungsfähigkeit gesät. Die Autorität der Armee ist verletzt. Dieser Fall sagt viel aus über den Zerfall der Führung der Streitkräfte. Wir müssen die Führung der Streitkräfte stärken.

Solomenzew: Die Verwaltung des Ministeriums für Verteidigung muß gestärkt werden.

Tschebrikow: Das, was passiert ist, kann man dem Volk nicht erklären. Man muß es aufklären. Warum ist das Flugzeug von den Bildschirmen verschwunden? Wer trägt die Schuld?

Schewardnadse: Das Vorkommnis mit diesem Rust ist kein Zufall. Es spiegelt die Gesamtsituation in den Verteidigungskräften wider. Ich an Ihrer Stelle (an Sokolow gewandt) hätte den Rücktritt beantragt!

Gorbatschow: Das ist ein Schlag gegen die Führung unseres Landes und die gesamte Politik. Die Lage in der Armee erregt große Sorge. Dieser Vorfall sollte uns eine Lehre sein. Wenn wir es nicht einmal schaffen, diesen Vorgang unter Kontrolle zu bekommen, wie werden wir dann in Extremsituationen handeln können? Wir müssen den parteipolitischen Einfluß verstärken, weil es um die einfachen Menschen geht und nicht um die Aktentaschenträger. Heute muß man dem Volk die ganze Wahrheit sagen.«[31]

Interessant ist das Zusammenspiel von Gorbatschow und Schewardnadse. Letzterer gibt seinem Chef die anfangs zitierte Formulierung »Ich an Ihrer Stelle …« vor, die im obigen Protokoll allerdings bei Gorbatschow nicht auftaucht.

Die Absetzung von Verteidigungsminister Sergej Sokolow

Michail Gorbatschow nimmt die Landung von Mathias Rust zum Anlass, Verteidigungsminister Sokolow abzulösen und durch seinen Vertrauten Marschall Dmitrij Jasow (links) zu ersetzen; hier gemeinsam bei der Abnahme einer Parade auf dem Roten Platz im Mai 1990.

(offiziell ist er zurückgetreten) stellt eine Sensation dar, denn er ist Marschall der Sowjetunion, ein militärischer Rang, den Stalin 1935 eingeführt hat. Die Träger der goldenen Tressen dienen bis an ihr Lebensende und werden nicht pensioniert. Sie sind eigentlich unabsetzbar. Gorbatschow setzt sich darüber hinweg. De facto schafft er den Rang des Marschalls ab – in seiner Amtszeit werden keine Marschälle mehr ernannt.

Gorbatschow in seinen »Erinnerungen«, wie es zur Personalie Jasow kam: »Nach einer Pause wurde der Vorschlag unterbreitet, Jasow zum Verteidigungsminister zu berufen. Es gab keine Einwände, obgleich dieser Schritt für viele überraschend kam. Jasow, zu jener Zeit Stellvertreter des Ministers, war mir wenig bekannt, denn er hatte zuvor keine Prestigeposten bekleidet, war weder Chef des Generalstabes noch Befehlshaber der Westgruppe der Streitkräfte oder des Moskauer Militärbezirkes gewesen. Doch er besaß eine Reihe unbestreitbarer Qualitäten, und deshalb fiel meine Wahl auf ihn.

Wir hatten uns im Fernen Osten kennengelernt, wo er den Militärbezirk befehligte, ein überaus kompliziertes Gebiet, das sich über Tausende von Kilometern hinzog und mit einer Unmenge von Problemen konfrontiert war, darunter viele, die die Lebensverhältnisse betrafen und bei den Armeeangehörigen für Unruhe sorgten. Jasow ging sehr umsichtig, ruhig und mit Sachkenntnis vor. Er schaffte es, daß das Offizierskorps und die Soldaten einander wieder näherkamen und die Situation sich normalisierte. Geholfen hatten ihm dabei seine reichen Lebenserfahrungen: Als junger Offizier hatte er am Zweiten Weltkrieg teilgenommen, diente danach in vielen Militärbezirken und erklomm eine Sprosse der militärischen Karriereleiter nach der anderen. Das Armeeleben kannte er also von Grund auf.

Als sich einige Jahre zuvor die Frage nach bedeutenden Kaderveränderungen in der Armee ergeben hatte, erinnerte ich mich Jasows; er wurde als Stellvertretender Verteidigungsminister für den Zuständigkeitsbereich Kader eingesetzt und bewährte sich als fähiger Leiter. Unter seiner Mitwirkung begann die Erneuerung und Verjüngung der Generalität und des Offizierskorps: Eintausendzweihundert Generäle wurden in den Ruhestand versetzt. Kurz, seine Berufung zum Minister war keineswegs zufällig.«[32]

Eintausendzweihundert Generäle! Das sind gewaltige Eingriffe und nur vergleichbar mit den Stalin'schen Säuberungen von 1937. Die Zahl, die Gorbatschow hier nennt, bezieht sich allerdings nicht allein auf die Folgen des Fluges von Rust, sondern auf die gesamte Amtszeit Jasows.

Der Vergleich mit Stalin hinkt natürlich. Gorbatschow kommt es darauf an, das Bedrohungspotential zu verringern und die ruinösen Rüstungskosten zu minimieren. Naturgemäß liegt das nicht im Interesse der Militärs, die ständig die Entwicklung und Einführung neuer teurer Waffensysteme fordern, was nur durch Erhöhung der Ausgaben möglich ist. Diesen Teufelskreis will Gorbatschow durchbrechen, und da kommt ihm der Teufelskerl Rust, wie ihn bald die ganze Welt nennen wird, wohl gerade recht.

Teufelsflieger

Die Nachricht, dass ein junger Westdeutscher, ein halbes Kind noch, auf dem Roten Platz gelandet ist, geht in Windeseile um die Welt. Es ist *die* Sensation des Jahres 1987. Mitten im Kalten Krieg im Herzen des »Reiches des Bösen« einzuschweben – ein unglaubliches Ereignis! Unmöglich! Unvorstellbar! Die Landung eines Raumschiffes vom Mars im New Yorker Central Park hätte wohl keine größere Aufmerksamkeit, Verwunderung und Begeisterung hervorgerufen.

Ein riesiger Medienhype setzt ein, der Mathias Rust über Nacht eine weltweite Popularität verschafft. Kaum ein Medium, das sich nicht an dem Rummel beteiligen. Die US-amerikanische Fernsehgesellschaft NBC, berichtet der »Stern« am 10. Juni 1987, baut einen 38 Meter hohen Sendemast in der Wedeler Gerhart-Hauptmann-Straße auf und »serviert den Amerikanern zum Frühstück über Satellit ein Live-Interview mit Mathias' Eltern und seinem Bruder Ingo«. Wobei sich Vater Rust vor Aufregung in seinem auswendig gelernten Satz »We are very proud, but we are also a little bit scared« leider etwas verheddert. Weltweit angesehene Magazine wie »Times«, »Paris Match«, »Stern« und »Spiegel« widmen Rust Titelgeschichten. Das US-Wirtschaftsmagazin »Forbes« schlägt ihn, wohl nicht ganz ernst gemeint, für den Friedensnobelpreis vor. Während

Die Titelseite des »Spiegel« vom 1. Juni 1987.

man noch über die Motive rätselt, übertreffen sich die Medien der Welt gegenseitig im Erfinden von Superlativen.

Die englische »Daily Mail« titelt »Deutschlands erster wirklicher Held seit dem Krieg«. »Times« und »Newsweek« nennen ihn »daredevil pilot« (Teufelsflieger) und »Rusti, der Kreml-Pilot«, der »Toronto-Star« spricht vom »Teufelskerl«, und die »Hongkong Times« bezeichnet ihn als einen deutschen Husaren. Er wird als »Friedensflieger, Friedensengel, Friedenstaube« und als »der tolle Mathias« (»BZ«) gefeiert. Selbst die seriöse, über jeden Verdacht der Emotionalität erhabene »Zeit« bezeichnet ihn als »tollkühnen Jungpiloten«.

Thomas Osterkorn, heute Chefredakteur des »Stern«, damals ein junger Reporter und gerade vom »Hamburger Abendblatt« gekommen, meint heute rückblickend: *»Die Amerikaner und die Briten, die drehten ja quasi durch! ›National Enquirer‹, das ist eine Art wöchentliche ›Bild‹-Zeitung in den USA, die flippten völlig aus. Für die Amis war die Geschichte: Einer fliegt mit einem kleinen Flugzeug und landet am Roten Platz – dass einer so etwas schafft! Für die war er der Held schlechthin!«*

Hunderte Reporter bestürmen die überforderten Eltern von Mathias Rust in ihrer Achtzig-Quadratmeter-Eigentumswohnung. »Zwei Dutzend Journalisten von Presse, Funk und Fernsehen drängelten sich gestern Nachmittag in der Wohnung der vierköpfigen Familie. Sie wollen Statements, Bilder und Informationen über alles, was den Sohn kennzeichnet«, berichtet das »Wedel-Schulauer Tageblatt« am 30. Mai. Jeder versucht, einen Happen abzubekommen von dem vielversprechenden Braten, der hohe Quoten und Auflagen erwarten lässt.

Das Rust'sche Haus wird »zur belagerten Festung, an deren Einlass ›Stern‹-Redakteure wachten«, denn die »Hamburger Bilderblatt-Macher«, wie die düpierte Konkurrenz vom »Spiegel« mit schlecht verhohlenem Neid nengelt, hat den Zuschlag bekommen, obwohl »erst als 37ster im familiären Fliegerhorst eingetroffen«.[33] Ereignet hatte sich Folgendes:

Der Flug von Mathias Rust findet sich auf den meisten Titelseiten der bundesdeutschen Medien als Aufmacher, so auch in Rusts Heimatkreis Pinneberg, Tageblatt vom 3. Juni 1987. Hier ist auch der 40 Meter hohe Mast abgebildet, der für Fernsehübertragungen vor Rusts Haus installiert wurde.

»Als ›Stern‹-Fotograf Klaus Meyer-Andersen am 29. Mai um 13.30 Uhr im Wohnzimmer der Familie des Kreml-Fliegers Rust in Wedel erschien, sah alles so aus, als wäre das Rennen gelaufen. 36 Journalisten auf Stühlen, Tischen und Fensterbänken, und der ›Stern‹-Reporter als Nummer 37. Trotzdem hatten Meyer-Andersen und sein Kollege Thomas Osterkorn zwei Stunden später einen Exklusiv-Vertrag mit Karl-Heinz und Monika Rust in der Tasche.«[34]

Osterkorn im Rückblick: »*Mein erster Vertrag, den ich mit ihm gemacht habe, im Wohnzimmer in Wedel auf einem Zettel, das waren 15 000 Mark. Das war, ehrlich gesagt, für das, was an Kosten und Aufwand da stand, wenig. Dann haben wir nach einer Weile und mit der Entwicklung, die alles nahm, gesagt, das ist unfair. Den Vertrag mitverhandelt hatte unter anderem der Fotograf Klaus Meyer-Andersen, der jetzt leider verstorben ist, der auch einen sehr guten, engen Kontakt zur Familie hatte. Sie haben dann mit Bremer geredet, ihm erklärt, der Vertrag gilt doch viel länger, und wenn er rauskommt, kommen hohe Kosten auf ihn zu. Danach haben wir das erhöht.*«

»Ab 15.30 Uhr wurde niemand mehr eingelassen. ›Quick‹-Reporter Reinhold Moser blieb mit seinem 100 000-Mark-Angebot draußen vor der Tür. ›Wir haben uns totgelacht‹, sagt Meyer-Andersen, ›von den anderen war keiner auf den Gedanken gekommen, die Leute einzukaufen.‹ Die Berichterstatter waren tatsächlich nur zum Berichterstatten gekommen.«[35]

Auch der ehrenhafte »Spiegel« natürlich, und der muss nun, wie die anderen auch, sehen, wie er zu Informationen kommt. Ein »Bild«-Reporter versucht noch, sich als Kabelschlepper von NBC verkleidet einzuschleichen, wird aber enttarnt. Der Privatsender Sat.1 hat besonders Exklusives zu vermelden, lästert Thomas Osterkorn in der Pose des Siegers genüsslich: »Er war in Bild und Ton dabei, als Vater Rust morgens die Mülltüte wegbrachte.«[36]

Der Grund, warum sich die Eltern von Mathias Rust dem

»Stern« anvertrauen, ist so einfach wie verblüffend und zeigt einerseits, wie naiv und überfordert sie sind, und andererseits, dass sie gar nicht darauf aus sind, möglichst viel Geld herauszuschlagen. Mathias Rust:

»Der ›Stern‹ hatte ja den Vertrag mit meinen Eltern geschlossen, während ich im Gefängnis war. Und die haben sich damals für dieses Blatt entschieden, nicht weil es das beste und lukrativste Angebot war, sondern weil der Fotojournalist vom ›Stern‹, der Klaus Meyer-Andersen, sehr große Ähnlichkeit mit meinem Onkel, also mit dem Bruder meiner Mutter hatte. Und wegen dieser Ähnlichkeit hatte sie so großes Vertrauen in ihn. Nur deshalb ist der ›Stern‹ zum Vertragspartner geworden.«

Im bundesdeutschen Blätterwald folgt eine scheinheilige Diskussion um »Scheckbuchjournalismus«, die natürlich vor allem von den Verlierern der Schlacht geführt wird. Die »Stunde der Heuchler und Neider«, so der »Stern«, sei gekommen. Peter Hauptvogel von der Münchener Illustrierten »Quick« klagt: »Der alte Rust hat uns selbst bei einer halben Million noch ausgelacht.« Was darauf verweisen soll, wie geldgierig die Eltern von Mathias Rust seien. Das Gegenteil ist der Fall. Der ›Stern‹ hat am Ende für seinen Exklusivvertrag nur ein Fünftel bezahlt.

Auch der Vorsitzende von Rusts Hamburger Aero-Club, der Rechtsanwalt Frank Hansen, wird aktiv und erscheint in Begleitung von zwei Journalisten der Fernsehzeitschrift »Ja«, die über 500 000 DM bieten. Doch die Eltern schlagen auch das aus. Hansen sei jahrelang »angesäuert« gewesen, sagt Rust. Derselbe Hansen wird in einem Interview des Kölner Deutschlandfunks dann sagen: »Die Gefahr, daß ihm (Mathias Rust) irgend etwas hätte passieren können, ist schlimm. Aber das Luftfahrzeug wäre möglicherweise auch draufgegangen. Das wäre noch schlimmer.«[37] Später wird er eine Hauptrolle in einer bizarren Farce um Verkauf und Vermarktung der Cessna 172 des Kreml-Fliegers spielen.[38]

Der »Stern« berichtet: »Nicht nur Reporter aus aller Welt bestürmen die Familie. Auch die Fan-Post hat inzwischen eine für
die norddeutsche Tiefebene stattliche Höhe erreicht. ›In meinem
70jährigen Leben habe ich mich noch nie über ein Ereignis so
gefreut, wie über diesen tollkühnen Husarenstreich‹, schrieb eine
Allgäuerin. ›Endlich hat die Welt und Deutschland einen fried-
lichen Helden‹, erkannte ein Bielefelder und stellte Mathias
Rust in eine Reihe mit Manfred von Richthofen (›Der Rote
Baron‹), Heinz Rühmann (Hauptdarsteller in dem Film ›Quax,
der Bruchpilot‹) und Charles Lindbergh (dem ersten Nonstop-
Flieger über den Atlantik vor 60 Jahren). Ein Dortmunder ka-
belte: ›Wenn Helmut Kohl so etwas fertiggebracht hätte, als immer nur über seine Null-Null-Lösung zu reden, dann wäre er
heute der Held der Nation.‹ Eine Maria aus Paderborn meinte:
›Er hat den ganzen Rüstungswahnsinn lächerlich gemacht.‹
Briefe an ›Herrn Kreml-Flieger Mathias Rust in 2000 Wedel‹
kommen inzwischen ganz selbstverständlich auch ohne Straßen-
bezeichnung an, selbst falsche Ortsangaben können die Post
nicht verwirren, dank des Zusatzes ›wg. Flug nach Moskau‹.«[39]

In der Sowjetunion ist das Volk keineswegs empört oder in
seinen patriotischen Gefühlen verletzt. Der »Sturm der Entrüs-
tung«, von dem der Oberkommandierende der Luftstreitkräfte,
General Pjotr Deynekin, spricht, findet höchstens in der Armee-
führung statt. Die sowjetische Tageszeitung »Iswestija« nennt
Rust, in Anspielung auf Gorbatschows hartes Durchgreifen, iro-
nisch »tollkühner Revisor unserer Luftabwehr«.

Gabriele Krone-Schmalz, die Korrespondentin im Moskauer
ARD-Studio: »*Im Sommer 87 hab ich ja in Moskau angefangen,
und bis September haben wir nichts anderes gemacht als Rust rauf
und runter. Wir haben die Leute zugeschmissen mit Bildern über
Rust, die Landung konnte man ja schon in jeder Phase mitsteuern:
den Prozess, die Verurteilung und natürlich jede Menge Straßen-
befragungen. Wir konnten ja ohne Genehmigung einfach auf die*

Straße gehen und die Leute befragen, das war schon eine Auswirkung der Perestroika-Politik. Mich hat gewundert und gefreut, dass die Leute, egal welchen Alters, gesagt haben: Also das ist schon ein Ding, was der da gemacht hat, aber, na ja, mein Gott, is ja ein junger Mann, und es ist ja alles gutgegangen. Es gab sehr viel Zuwendung, sehr viel Verständnis, also gar nichts Bösartiges!«

Auch der Moskauer »Stern«-Korrespondent Mario Dederichs befragt Leute auf der Straße:

»›Wir haben uns schiefgelacht‹, sagt Wolodja, ein junger Mechaniker. ›So ein Ding! Den müßte man zum Helden der Sowjetunion ernennen.‹ Ein älterer Kollege meinte: ›So etwas können wohl nur die Deutschen. Glückwunsch! Ihn jetzt bestrafen? Wofür denn? Das ist ein Prachtkerl!‹ … Niemand von den Befragten hielt ihn für einen Spion – und einer ulkte, sein schlimmstes Vergehen sei gewesen, nach der Landung auf der Moskwa-Brücke über eine durchgehende weiße Linie nach links abgebogen zu sein.«[40]

Der Journalist Aleksandr Galkin: »*Im Prinzip scherzte das Volk darüber, Wut gab es keine. Wir zählten das Jahr 87, als im Land alles schlechter und schlechter wurde mit den Lebensmitteln, mit den Waren, der Seife. Es gab so einen Witz, er bezieht sich vielleicht nicht ganz auf diesen Flug, aber er charakterisiert auf der anderen Seite die Situation, die damals herrschte: Jemand kommt zu Besuch, er wird gefragt, ob er die Hände lieber mit Seife waschen oder lieber einen Tee mit Zucker haben wolle. Beides gab es nicht, keine Seife und keinen Zucker.*«

Später wird man Gorbatschow vorwerfen, er wäre es gewesen, der den Reichtum des Landes verspielt hätte. In der Erinnerung vieler Russen sind die Perestroika-Jahre, als Gorbatschow versuchte, das nahezu bankrotte Land zu reformieren, als Zeit des Niedergangs verankert. Dabei wird oft vergessen, welches Erbe er angetreten hat. Der »Spiegel« über den Zustand, in dem sich die Sowjetunion bei Gorbatschows Amtsübernahme 1986 befand:

»70 Jahre Zwangsherrschaft und Kommandosystem auf einem Sechstel der festen Erdoberfläche waren nicht länger zu halten. Sie haben, in dem an Naturschätzen reichsten Land der Welt, den Mangel als Wirtschaftsform institutionalisiert und ein Heer mißmutiger Langsamarbeiter geschaffen, deren Produkte nirgends auf dem Weltmarkt konkurrenzfähig sind. Das kleine Singapur mit 2,6 Millionen Menschen exportiert 20 Prozent mehr Maschinen auf westliche Märkte als ganz Osteuropa.

Sie haben in wildwuchernden Apparaten 18 Millionen Bürokraten und Kader gezüchtet, die schmarotzen und jenes Proletariat drangsalieren, dessen Facharbeiterlöhne die Höhe von Arbeitslosengeld oder Sozialhilfe im Westen erreichen.

Und sie haben eine privilegierte neue Klasse erzeugt, die aller Ideale des Kommunismus spottet, indem sie sich hemmungslos bereichert und sich ungeniert genehmigt, was sie dem Volk versagt. Leonid Breschnew leistete sich in 18 Amtsjahren 75 Auslandsreisen, während seine Untertanen Erlaubnisscheine zum Besuch von Grenzprovinzen benötigten.

Neben der Gewalt von oben hielten Schwarzmarkt und Korruption das System am Leben. Unter Breschnew waren ein Ministeramt oder ein Ehrentitel wie ›Held der sozialistischen Arbeit‹ gegen 1 000 000 Rubel zu haben.«[41]

Anatolij Tschernjajew hatte bereits am 16. November 1982, eine knappe Woche nach Breschnews Tod, bittere Bilanz gezogen: »Wie kann man einen Generalsekretär beurteilen, der ausländische Automarken sammelte, … der für seine Verwandten warme Plätze besorgte und eigenhändig vor dem gesamten Volk seinem Sohn, dem Alkoholiker und Valutaschieber, der jeden Abend am Ausgang des Außenhandelsministeriums bewußtlos ins Auto geladen werden mußte, einen Orden überreichte? Der seinen Schwiegersohn, einen Säufer und Wucherer, … fast zum Minister gemacht hätte. … Der aus der staatlichen Kasse für seine Launen, für Jagdparzellen, für Wochenendhäuser und für eine Villa, für den Unterhalt seines Hausgesindes Millionen und Millionen ausgab; der von seinen ehemaligen Arbeitsorten Freunde und Speichellecker nach Moskau holte, ihnen Schlüsselposten im Staat verschaffte. (…) Durch sein Verhalten wurde das Prestige der Kommunisten ruiniert, so wie es die Geschichte der Partei noch nie erlebt hat, bei dem Diebstahl, Bestechlichkeit, Korruption … solche Größen annahmen, die sogar die von Gogol und Schtschedrin beschriebenen Verhältnisse übertrafen. (…)

Dieser Mensch hat das Land, wenn nicht zum Hunger, so doch zur wahrhaften Zerstörung geführt, in solch eine Lage gebracht, dass in den größten industriellen Zentren nicht nur kein Fleisch, sondern auch keine Butter, keine Milch, kein Gemüse, kein Obst, keine Grütze mehr angeboten wurden, sogar das Brot fehlte. Unter ihm wurde die ›Erfolgspropaganda‹ in einen solchen himmelschreienden Widerspruch zu den offensichtlichen Fakten geführt, dass sie Gegenstand des allgemeinen Widerwillens und des Spottes geworden ist – und, o weh, zum Ausgangspunkt des moralischen Verfalls der Jugend wurde. Die Trunksucht und der Alkoholismus haben solche Ausmaße erreicht, wie sie in der gesamten Geschichte Russlands noch nicht vorhanden waren. Er hat uns Afghanistan geschenkt, egal was dort über die internationale Pflicht und die Sicherheit unseres ›Unterbauchs‹ gelogen wird!«[42]

Hier spricht nicht etwa ein Dissident, sondern der stellvertretende Abteilungsleiter der Internationalen Abteilung des ZK der KPdSU und spätere Gorbatschow-Berater.

Mario Bandi, 1987 Student am Leningrader Konservatorium, Autor eines originellen Hörfunkfeatures über die Tagebücher Tschernjajews und den Prozess der deutschen Wiedervereinigung: »*In meiner Umgebung hat eh keiner mehr an die Werte des Sozialismus geglaubt. Die Kluft zwischen Propaganda und Wirk-*

lichkeit war überdeutlich, man durchschaute die Ideologie – Lüge und Korruption, wo man hinsah. Man glaubte nicht mehr an den Sozialismus. Irgendwie freute man sich über die Geschicklichkeit des Mathias Rust: Ein kleiner Junge mit einem kleinen Flugzeug hatte den großen Apparat verarscht. Man nahm es mit Ironie.«[43]

Viele Moskauer glauben, dass die Cessna dem Jungen gehört. Was weiß man schon vom Westen!? Das ist das Land, wo die reichen Leute leben, wo man seinem Sohn ein Flugzeug kaufen kann, während es hierzulande nicht mal für ein Motorrad reicht. Dass man ein Flugzeug mieten und damit einfach in die Welt fliegen kann, übersteigt das Vorstellungsvermögen der sowjetischen Jugendlichen dieser Zeit sowieso.

Sofort erzählen sich die Moskauer Witze: Der Rote Platz wird als »Scheremetjewo III« bezeichnet – es gab nur Scheremetjewo I und II, damals die beiden größten Moskauer Flughäfen. Und dass den Springbrunnen im Kaufhaus GUM nun ein Milizposten bewacht – für den Fall, dass dort ein amerikanisches U-Boot auftaucht.

Horst Teltschik, 1987 Leiter der Abteilung für auswärtige und innerdeutsche Beziehungen, sagt, Kohl habe »wie alle gelacht«, als er von der Landung hörte: »*Helmut Kohl war ja im gleichen Jahr noch in Peking, und dort sagte ihm der chinesische Ministerpräsident, Deutschland habe ja zwei Helden. Er nannte Rust und Steffi Graf, die damals gerade Wimbledon gewonnen hatte.*«

Bundesaußenminister Genscher sah das offenbar anders: »*Ich war sehr verärgert über dieses Ereignis, denn nicht mehr die Probleme, um die es eigentlich ging, standen im Vordergrund, sondern die ganze Welt hat sich nun überlegt, was wird der jetzt machen, wenn er nach Moskau geht und der Rust sitzt dort ein, der ja von manchen auch in einer unverständlichen Weise als ein großer Held gefeiert worden ist.*«

Das dumme Volk ist wohl gemeint. Das Wickert-Institut startet eine Blitzumfrage: Über 87 Prozent der Bundesbürger

In der DDR wird der Vorfall bewusst heruntergespielt: Die Meldung der staatlichen Nachrichten-agentur ADN »Luftraum der UdSSR verletzt« druckt das SED-Zentralorgan »Neues Deutsch-land« am 30. Mai 1987 klein auf Seite 7 unten.

sind voller Respekt und Bewunderung für den Mut und die flie-
gerische Leistung.

Die DDR braucht zwei Tage, um ihren Bürgern das Ereignis zu
melden. In der Wochenendausgabe des »Neuen Deutschlands«,
des Zentralorgans der SED, erscheint auf Seite sieben eine
dürre ADN-Meldung:

»Ein Sportflugzeug mit dem Piloten Mathias Rust aus der
BRD hat am Donnerstag den Luftraum der Sowjetunion im
Gebiet der Stadt Kohla-Järve verletzt, meldete TASS. Die Maschine, deren Flug über dem Territorium der UdSSR nicht un-
terbunden worden sei, landete in Moskau. Die zuständigen Behörden haben die Untersuchung des Vorfalls aufgenommen.«[44]
Man hört förmlich den typisch unwirsch-beleidigten Ton, mit
dem im DDR-Fernsehen für gewöhnlich die Nachrichten verlesen werden. Das DDR-Volk hat sich natürlich längst über die
Westmedien informiert.

Etwas mehr erfahren die interessierten DDR-Bürger aus der
Wochenzeitschrift »Neue Zeit« (»Nowoje Wremja«), dem So-
wjetfachblatt für Außenpolitik, dessen deutsche Ausgabe man
im Osten wie im Westen an den Kiosken kaufen kann und das
vor allem den Sieg des Sozialismus in Westdeutschland voran-
treiben soll. Hier beantwortet »unser politischer Kommentator«
Lew Besymenski die Frage eines polnischen Bürgers (um mehr
Ecken ging es wohl nicht) an die Wochenzeitschrift: »Wie
konnte es passieren, daß ein Flugzeug aus der BRD am hellich-
ten Tage mitten im Moskauer Stadtzentrum landen konnte? Bei
uns ist dies das Gespräch des Tages, wobei die verschiedensten
Vermutungen geäußert werden. Und was denkt man in Moskau
dazu?«

In Moskau denkt man dazu, antwortet Besymenski öffentlich
per Zeitung dem »lieben Genossen Lesniczek«, dass es im sowjetischen Fernsehen eine beliebte Sendung gebe, die dem
»Phänomen des absolut Unwahrscheinlichen, des fast Unglaub-

haften« gewidmet sei, und dass man ja »den Vorfall, der sich am 28. Mai im Zentrum Moskaus abspielte, in diese Sendung aufnehmen« könne. Aber »Spaß beiseite«, eine Vermutung solle gleich verworfen werden, nämlich die, »all das sei nur ein Dummerjungenstreich gewesen«. Er lege dafür »die Hand ins Feuer«, raunt er düster, dass es Leute gab, »bei denen Rust sich Rat holte oder die ihn instruierten«.[45]

Genschers Einschätzung, dass andere Probleme zu dieser Zeit im Vordergrund stünden, ist politisch natürlich korrekt und richtig. Im Frühjahr 1987 steht viel auf dem Spiel, es geht um die Stationierung der Mittelstreckenraketen. Im Osten hat die Sowjetunion Raketen vom Typ SS-20 stationiert, die natürlich gen Westen gerichtet sind. Als Antwort wurden im Westen ab 1983 Pershing II stationiert. Das sind nicht irgendwelche konventionellen Flugkörper, sondern diese Raketen tragen Atomsprengköpfe und können Moskau oder Leningrad, Bonn oder Berlin in Schutt und Asche legen.

Genscher: »*Die Verhandlungen, die sich dann ergeben haben mit den Mittelstreckenraketen, waren ein urdeutsches Anliegen. Unser Ziel war es, die sowjetische Vorrüstung mit atomaren Mittelstreckenraketen durch Verhandlungen rückgängig zu machen. Das hätte uns die eigene Stationierung erspart. Später ist es in Verhandlungen doch noch gelungen, Moskau zur Rücknahme seiner Stationierung zu veranlassen, was uns ermöglichte, die als Reaktion darauf vorgenommene Stationierung ebenfalls zu beseitigen. Das alles hätte gefährdet werden können durch Rust.*

Schewardnadse hat gesagt: Wie stehen wir da vor der ganzen Welt? Als blamierte Leute! Da habe ich gesagt, das ist in der Tat so, das kann ich nicht bestreiten. Aber wir werden daraus nichts machen, im Gegenteil, wir zeigen Verständnis für Ihre Lage. Wir bitten Sie aber, aussichtsreiche Verhandlungen deshalb nicht zu stoppen. Und außerdem, bedenken Sie mal, wie alt der ist. Sie waren auch mal so alt, ich auch. Wir wissen, da macht man Sachen, die man später nicht machen würde. Also, ich habe persönlich um Verständnis geworben, aber genauso wichtig war mir, dass wir jetzt nicht eine verheißungsvolle Politik unterbrechen.«

Die Beziehungen zwischen der Sowjetunion und der Bundesrepublik blieben in den ersten beiden Amtsjahren Gorbatschows »auf Eis gelegt«, wie es in seinen »Erinnerungen« heißt.[46] Im März 1986 ist diese Frage Thema auf einer Politbürositzung. KGB-Chef Tschebrikow schlägt mit Blick auf die bevorstehende Bundestagswahl vor, das »Niveau der politischen Kontakte zur BRD zu heben«. Andere schließen sich der Meinung an. Doch Gorbatschow sieht das anders: »Die Linie zur Begrenzung des politischen Dialogs mit Kohl ... war richtig. Und diese muss fortgesetzt werden.«[47] Aber im Mai 86 beginnt er umzudenken: »Das Gespräch (Botschafter) Kwizinskijs mit Kohl zeugt davon, daß wir an eine Grenze gelangt sind, ab der wir etwas ändern müssen.«[48]

Das Tor zu einer neuen Deutschlandpolitik scheint offenzustehen. Da begeht Bundeskanzler Helmut Kohl, der spätere Duz-Freund Gorbatschows, einen fürchterlichen Fauxpas. Im Oktober 1986 lässt er sich in völliger Verkennung der neuen Situation und der Person Gorbatschows in einem »Newsweek«-Interview zu folgenden Sätzen hinreißen:

»Ich bin doch kein Narr: Ich glaube nicht, daß er ein Liberaler ist. Er ist ein moderner kommunistischer Führer, der sich auf Public Relations versteht. Goebbels, einer von jenen, die für die Verbrechen der Hitler-Ära verantwortlich waren, war auch ein Experte in Public Relations.« Peng!

»Als Bundeskanzler Kohl«, so Gorbatschow, »erklärte, die Verlautbarungen über Reformen in der UdSSR und über das Neue Denken seien lediglich Demagogie im Sinne der Goebbelsschen Propaganda, da beschlichen mich ... Zweifel, ob die bundesrepublikanische Führung überhaupt fähig sei, die Geschehnisse adäquat einzuschätzen.«[49]

Die Wogen der Empörung schlagen nicht nur im sowjetischen Politbüro hoch.

Horst Teltschik, Vertrauter Helmut Kohls: »*Als Helmut Kohl dieses Interview mit ›Newsweek‹ gab, in dem leider diese zwei Sätze enthalten waren, in denen er Gorbatschow und Goebbels von der Public-Relations-Seite her verglich, war das ein ständiges Thema im Wahlkampf in der Bundesrepublik Deutschland. Die SPD hat dieses Thema allein dreimal in einer Debatte im Bundestag hochgezogen. Als dieses Interview veröffentlicht war, habe ich sofort den sowjetischen Botschafter Kwizinskij ins Kanzleramt bestellt, und ich habe ihm gesagt: ›Herr Botschafter, wir müssen das so schnell wie möglich aus der Welt schaffen!‹ Und wir haben darüber nachgedacht und diskutiert, denn der Botschafter war genauso wie ich daran interessiert, dass das nicht zu einer Belastung der Beziehungen führen würde. Kwizinskij kam nach einer Woche zu mir ins Büro und sagte: ›Herr Teltschik, ich glaube, wir haben es unter Kontrolle.‹ Aber das war ein Irrtum, weil es ein Gegenstand der innenpolitischen Auseinandersetzung der Bundesrepublik geworden war, und von daher konnten Gorbatschow und die sowjetische Führung das nicht beerdigen, solange sich die Deutschen darüber stritten.*«

Kohl reagiert mit der in solchen Fällen üblichen Taktik: Die Äußerungen seien natürlich von den »Newsweek«-Redakteuren verkürzt dargestellt worden und würden Sinn und Inhalt des 90-Minuten-Gespräches nicht korrekt wiedergeben.

Die »Newsweek«-Leute wollen das nicht auf sich sitzen lassen und veröffentlichen den O-Ton des gesamten Gespräches. Es wird nicht besser. Eine hektische diplomatische Tätigkeit entfaltet sich hinter den Kulissen. Kohl schreibt mehr oder weniger entschuldigende Briefe. Erst der Besuch Richard von Weizsäckers in Moskau im Juli 1987, fünf Wochen nach der Landung von Rust, wird die Situation ändern.

Lefortowo

Der Untersuchungsrichter im KGB-Gefängnis Lefortowo, Major Valerij Konkow, und der Leiter der extra eingesetzten Untersuchungskommission, Oberst Aleksandr Dobrowolski, sind zunächst davon überzeugt, dass Rust im Auftrag handelte: *»Die sagten mir ganz klipp und klar, wir gehen davon aus, dass du sicherlich bezahlt worden bist und dass das eine Provokation ist, um die angelaufenen Verhandlungen zwischen Ost und West zu torpedieren.«* Er wird aufgefordert, seine Hintermänner zu nennen.

Die sowjetische Botschaft in Bonn schickt scharfmacherische Berichte nach Moskau, dass Rust im Auftrag der NATO agiere, was unter anderem daran ersichtlich würde, dass sich auf seinem Flugzeug das Abbild einer Atombombe befinde.

Was Mathias Rust nicht weiß: Als er am 28. Mai 1987 in den »Luftraum der UdSSR eindringt« und nach fünfeinhalb Stunden in Moskau landet, feiert man in der Sowjetunion gerade den »Tag der Grenzsoldaten«! Die »Prawda« verlautbart wie jedes Jahr aus Anlass des Ehrentages in propagandistisch gehobenem Ton, dass jeder Meter der Grenze zuverlässig bewacht werde. Und nun dies! Eine spektakuläre Grenzverletzung ausgerechnet am Ehrentag der Grenzschützer! Das gibt natürlich Anlass zu allerhand Spekulationen. Kann doch kein Zufall sein!

Eine beabsichtigte Provokation im Auftrag finsterer Mächte? Ein Testen der Zuverlässigkeit der Bewachung? Vielleicht sogar das Ausnutzen der an diesem Tag nicht ganz so großen Wachsamkeit? Man weiß doch im Ausland, dass die Grenzschützer ihren Ehrentag zu feiern wissen.

Als im Jahre 1978 eine Boeing 707 der Korean Airlines sowjetischen Luftraum im Nordwesten verletzte und nach misslungenem Beschuss leicht beschädigt auf dem zugefrorenen Korpijärvi-See landen konnte, starben zwei der Passagiere. Die anschließende Untersuchung ergab, dass ein Teil der Radarbesatzungen betrunken war. Diensthabende Offiziere hatten es sich zu Hause gemütlich gemacht. Und das war nicht etwa an einem Feiertag, sondern an einem normalen 20. April.

Noch etwas anderes macht die KGB-Vernehmer stutzig: Vor sechsundvierzig Jahren, ebenfalls im Mai, flog ein anderer Deutscher unangemeldet und im eigenen Auftrag in ein fremdes Land: Rudolf Hess, der Stellvertreter Hitlers, war am 10. Mai 1941 mit einer Messerschmitt Bf 110 in Schottland ge(bruch)-landet, um über einen Friedensschluss mit Großbritannien zu verhandeln. Man sperrte ihn in den Tower of London. Bis zum Kriegsende blieb er in englischer Gefangenschaft, bis man ihn bei den Nürnberger Prozessen anklagte und zu lebenslanger Festungshaft verurteilte, die er dann in Berlin-Spandau verbüßte. Im Mai 1987 ist Hess der letzte Gefangene im Kriegsverbrechergefängnis von Spandau.

Von sowjetischer Seite wird vermutet, dass der Flug von Rust das Ziel hat, die Freilassung des inzwischen Dreiundneunzigjährigen zu erreichen. Rust wird tatsächlich gefragt, ob er sich an Hess orientiert hätte. Aber da hilft ihm seine Jugend, das Fehlen jeglichen rechtsradikalen oder auch nur militärischen Hintergrundes. Er kennt Hess und seine Geschichte gar nicht. Als Hess im August stirbt, wird der Untersuchungsrichter noch einmal auf das Thema zu sprechen kommen: *»Der sagte mir,*

*er könne mir heute mitteilen, dass Hess jetzt tot wäre. Und dann
meinte er, das wäre auch gut so, denn das wäre der letzte Stein, der
die Annäherung zwischen unseren Ländern behindert hätte.«*

So also ist die Ausgangslage, als die Untersuchung im Lefortowo-Gefängnis beginnt. Rust wird in eine kleine Doppelzelle
von ca. zehn Quadratmetern gebracht – hier wird er die nächsten vierzehn Monate verbringen. Nach sowjetischem Recht hat
er, solange die Voruntersuchung währt, keinen Anspruch auf
einen Anwalt und auf Besuch von Freunden oder Verwandten.
Täglich eine Stunde Spaziergang auf dem Gefängnisdach un-
term Maschendrahthimmel, der Rest sind Vernehmungen und
Aufenthalt in der Zelle. Es gibt täglich drei dürftige Mahlzeiten,
einmal in der Woche Duschen. Das Licht in der Zelle, zwei
60-Watt-Glühbirnen, brennt vierundzwanzig Stunden.

Sein Zellengenosse heißt Aleksandr, ein Oberschullehrer für
Geografie und Englisch. Er ist Ukrainer und sitzt wegen »Spe-
kulationsgeschäften« ein. Es ist kein Zufall, dass er die Zelle mit
Rust teilt; man hat ihn bewusst mit jemandem zusammengelegt,
der Englisch spricht, um sich mit ihm verständigen zu können.
Dass Aleksandr ein KGB-Spion ist, glaubt Rust nicht: *»Der war
Anfang März gekommen, ich Ende Mai, und so sah er auch aus.
Als er seinen Gerichtstermin hatte, hat man es gesehen. Da kriegte
er seinen Anzug gestellt, die Hose viel zu weit. Er war so dünn geworden wie ich. Als er reinkam, hat er fast neunzig Kilogramm
gewogen, und ein halbes Jahr später hat er so an die sechzig gehabt.«*
Auch der hagere Mathias Rust wird in den folgenden Monaten
über zehn Kilogramm abnehmen.

Die erste Vernehmung dauert sechs Stunden, von abends
um 22.00 Uhr bis morgens um 4.00 Uhr, aber mit Pausen, in
denen er mit Tee und Salzstangen bewirtet wird. Kaum ist Rust
zurück in seiner Zelle, öffnet sich wieder die Tür, und ein grim-
mig dreinblickender Mann tritt herein. Er ist ca. fünfundsech-
zig, hat graues Haar und zornig funkelnde blaue Augen. Mit

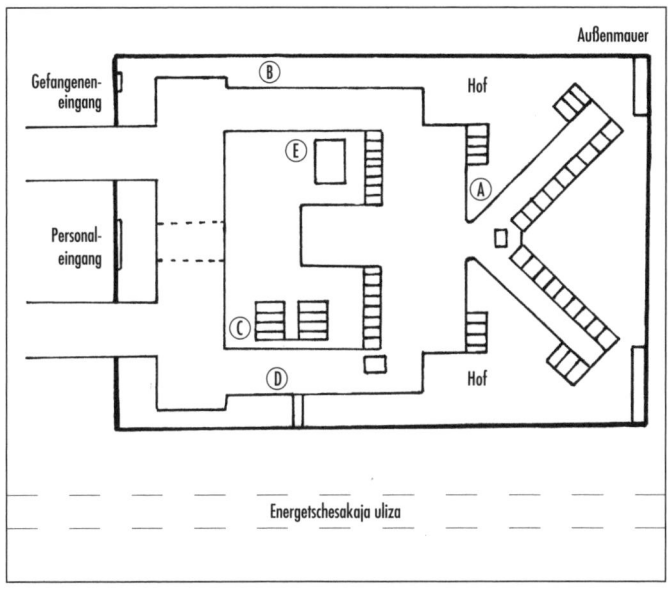

A – Letzte Zelle von Mathias Rust
B – Freiganggarten
C – Vernehmungszimmer von Oberst Dobrowolski
D – Vernehmungszimmer von Major Konkow
E – Dienstzimmer des Gefängnisdirektors Oberst Petrenko

Schematischer Grundriss des Lefortowo-Gefängnisses.

eiskaltem, ernstem Gesicht und bitterer Miene fragt er: »Wieso bist du hergekommen?« Rust wiederholt, nun wahrscheinlich schon etwas kleinlaut, seinen Spruch von der Völkerverständigung, vom Frieden und der Brücke, die er schlagen wolle. Der Unbekannte grummelt finster, man werde ja sehen, und geht. Rust befindet sich nun seit rund zwölf Stunden in der Sowjetunion, und es ist das erste Mal, dass er ein mulmiges Gefühl bekommt. Bei der nächsten Vernehmung erfährt er, dass dies Oberst Aleksandr Petrenko, der Leiter des Gefängnisses, gewesen sei, auch ein Ukrainer, der ihn gar nicht möge, wie sein Vernehmer meint, weil er doch ein Provokateur sei und die Chance auf Frieden gestört hätte. Doch ansonsten bleibt der Ton höflich, er wird später freundlich, schließlich sogar freundschaftlich-herzlich.

Dolmetscher ist Valerij Nikitin, ein junger Mann, der eigentlich im Moskauer Institut für Eisenbahnwesen arbeitet. Durch Zufall kam er zu diesem Job, ein KGB-Mitarbeiter kannte ihn und wusste, dass er Deutsch studiert hatte. Valerij trägt eine japanische Orient-Armbanduhr und Nike-Sportschuhe, wie Rust verwundert feststellt. Der Dolmetscher fühlt sich gar nicht wohl in der Höhle des Löwen, denn er hat die Sachen natürlich auf dem Schwarzmarkt gekauft – ein »Spekulationsvergehen«, für dessen Verfolgung der KGB zuständig ist. Aber die Vernehmer tun so, als ob sie nichts sehen.

Der Botschafter der Bundesrepublik, Andreas Meyer-Landrut, wird noch am selben Abend verständigt: *»Ich hatte vormittags mein Pferd geritten, wie ich das immer tue, und als ich nach Hause komme, kriege ich diesen Anruf von der Botschaft, von dem Beamten, der dort Dienst hatte. Und der sagte: Da ist ein Deutscher mit einem Sportflugzeug auf dem Roten Platz gelandet. Ich sage, hören Sie mal, haben Sie sie noch alle?!*

Ich habe gleich unseren Konsul verständigt, das Außenministerium angerufen: ›Was ist da los?‹ Nach einer Stunde oder so erhielt ich den nächsten Bericht, dass der Mann verhaftet worden ist. Wir haben gleich um einen Konsulartermin gebeten, das ist uns auch eingeräumt worden. Und es lief dann sozusagen routinemäßig weiter, Konsulartermine von Zeit zu Zeit mit dem Inhaftierten, Gespräche mit dem Untersuchungsrichter, Gespräche mit dem Außenministerium. Ich selbst habe mit Rust nie gesprochen. Ich habe das bewusst gemacht, weil ich den Fall nicht noch weiter politisieren wollte. Ich wollte, dass das routinemäßig, konsularmäßig abgehandelt wird.«

Generalkonsul Gerhard Schrömbgens darf Mathias Rust schon nach vier Tagen besuchen. Er berichtet dem »Stern«, dass Rust »ungeheuer gefasst« gewesen sei.[50] Der Inhaftierte schildert die Begegnung so: »Ich bin ja am Donnerstag gelandet, am 28. Mai. Und am darauffolgenden Montag kam zum ersten Mal der deutsche Generalkonsul zu Besuch. Und der war sehr aufgebracht und sagte: ›Herr Rust, diese Leute vom KGB‹, zeigte immer zu den dreien, die da saßen, ›die haben mich nicht zu Ihnen gelassen! Das hat mir überhaupt nicht gefallen! Ich wollte ja Freitag schon kommen, Sie als unser Staatsbürger, ich wollte Sie unbedingt ...‹ Sagte ich zu ihm: ›Beruhigen Sie sich, es ist alles in Ordnung.‹ Guckt er mich an: ›Also Herr Rust, wenn Sie den Besuch nicht wollen, kann ich natürlich sofort gehen.‹ Sag ich, das wollte ich jetzt nicht zum Ausdruck bringen. Ich wollte nur sagen, es ist alles in Ordnung, mir passiert nichts.‹ Und da guckt er mich wieder an: ›Alles in Ordnung?!‹ Das konnte er so gar nicht verstehen. Er hätte schon so manchen im Gefängnis besucht, und noch nie hätte einer gesagt, dass es ihm gut geht.

Der hatte 'ne Zeitung dabei, die hat er mir kurz gezeigt. Und da sagte der Untersuchungsrichter über die Dolmetscherin: ›Bitte packen Sie sofort die Zeitung weg! Wir hatten doch vorher besprochen, dass Sie das Untersuchungsergebnis nicht beeinflussen dürfen!‹ Und das hat er dann auch gemacht.«

In den ersten zwei Wochen wird Rust zweimal am Tag vernommen, vier bis fünf Stunden am Vormittag und vier bis fünf Stunden am Nachmittag: »*Von Anfang an sagten sie immer, es ist niemand zu Schaden gekommen. Und: Das ist etwas ganz Neues.*«

Nach diesen zwei Wochen werden die Vernehmungen etwas seltener, sie finden nur noch drei- bis viermal pro Woche statt. Es gibt Tee und Gebäck, manchmal sogar hausgemachte Piroggen. Und Rust kann sich jetzt in den Pausen Zeichentrickfilme anschauen, Donald Duck und Lucky Luke.

Die Voruntersuchung ist nach knapp einem Monat, am 24. Juni, abgeschlossen. Man hat alles überprüft und nichts gefunden. Der Verdacht, dass CIA oder BND ihn mit Kartenmaterial ausgestattet hätten, bestätigte sich nicht, nachdem der sowjetische Generalkonsul in Deutschland einen Testeinkauf gemacht und die gleichen Karten über den Versandhandel problemlos bekommen hatte.

Sogar Erdproben hat man entlang der Strecke, die Rust geflogen ist, genommen, um zu prüfen, ob er womöglich irgendetwas Biologisches oder Chemisches abgeworfen hat. Nichts! Untersuchungsführer Dobrowolski, der den Teenager wohl ein wenig in sein Herz geschlossen hat, fragt ihn zum Schluss: »Beim Leben Ihrer Mutter, gibt es wirklich keine Verschwörung?« Und als Rust das verneint: »Gut, dann wollen wir Ihnen jetzt glauben.«[51]

Später öffnet sich erneut seine Zellentür. Zum zweiten Mal ist es Anstaltsleiter Petrenko, diesmal wie umgewandelt. Die blauen Augen strahlen, Rust hat das Gefühl, dass er ihn am liebsten umarmen möchte. Und er hat auch ein Geschenk dabei: Wieder bekommt Rust ein Brot als Geste der Freundschaft zwischen den Völkern, denn, so Petrenko, er würde ihn jetzt als Freund der Sowjetunion sehen. Rust traut seinen Augen und Ohren nicht, als der Oberst anfängt zu erzählen: »*Er sagte, er wäre damals als junger Soldat in Berlin gewesen, hätte die Stadt mit befreit. Und seine Einheit hätte keine Gräueltaten begangen.*

Er wüsste, was andere getan hätten, aber seine Einheit wäre sauber geblieben, er selbst habe sich auch sauber verhalten. Und er würde jetzt, nachdem sicher sei, dass ich ein Freund der Sowjetunion wäre, meine Aktion sehr unterstützen, und er fände es toll, dass junge Menschen im Westen jetzt so unabhängig denken! Und er würde mir alles Gute wünschen und alles Mögliche unternehmen, um mir den Aufenthalt im Gefängnis so angenehm wie möglich zu machen. Das hat er wörtlich gesagt! Und dann hat er mich gefragt, ob ich irgendwelche Wünsche hätte. Und da hab ich gesagt, dass wir ja nur so 'ne dünne Matratze hätten. Da bekamen wir eine zweite Matratze, ein zweites Kopfkissen und auch noch 'ne Wolldecke dazu.«

Und das ist nicht alles. Anstatt der zwei 60-Watt-Glühbirnen brennt nun nachts nur noch eine 40-Watt-Birne. Ab sofort darf sich Mathias Rust täglich zwei Stunden im Gefängnisgarten aufhalten, bei schönem Wetter sogar drei bis vier Stunden! Er darf auch beim Anstaltskaufmann Lebensmittel und andere Dinge bestellen. Sachen, die nicht vorrätig sind, Obst zum Beispiel, werden beschafft. Er bekommt ein Konto eingerichtet, auf das seine Eltern Rubel einzahlen können, damit er seine Bestellungen bezahlen kann.

Seine Eltern hatten ihn zum ersten Mal am 17. Juni besuchen dürfen, also knapp drei Wochen nach seiner Landung. Auch das ist eine große Ausnahme. Allerdings bietet sich dadurch für die Vernehmer die günstige Gelegenheit, gleich die Eltern befragen zu können. Major Konkow scheint zu diesem frühen Zeitpunkt schon von dem Wahrheitsgehalt der Aussagen Rusts überzeugt zu sein, denn er erklärt der verblüfften Mutter nicht ohne Pathos: »Sagen Sie dem deutschen Volk, wir sind einverstanden mit den Friedensideen Ihres Sohnes. Wir erwidern die Wünsche. Wie schön, dass es noch solche idealistischen jungen Männer wie Mathias gibt.«[52]

Valerij Konkow ist es auch, der ihn eines Tages überraschend fragt, ob er an Gott glaubt:

»*Ich wusste natürlich, dass er als Kommunist bekennender Atheist war. Ich dagegen war und bin bekennender Christ. Nicht im konventionellen Sinne, so mit Sonntag in die Kirche gehen und im Kirchchor singen, aber ich bin Gläubiger aus Überzeugung. Ich hatte schon in meiner frühen Kindheit das Gefühl, dass es etwas gibt, das sich hinter allen Dingen verbirgt. Und ich begriff, dass ich nicht allein bin.*

Ich entschied mich, Konkow von meinem Glauben zu erzählen, auch auf die Gefahr hin, dass er mich für einen Kreuzfahrer halten würde. Konkow hörte sich meine Ausführungen ruhig und gelassen an, wirkte beinahe unbeteiligt. Ich erzählte ihm von meiner Suche nach Gott und dass ich seine Nähe spüre.

Als ich fertig war, sagte er mit ernster, aber freundlicher Miene: Mathias, ich bewundere dich für deine Offenheit und Ehrlichkeit und beneide dich um deine Stärke und deinen Glauben. Ich wünschte, dass ich deine Erfahrungen teilen könnte.« Dieses Gespräch nimmt Konkow nicht ins Protokoll auf.

Rusts Zellengenosse, der automatisch in den Genuss der gleichen Hafterleichterungen wie Rust kommt, versteht die Welt nicht mehr. Das ist ja Wahnsinn, sagt er, so kennt er den KGB gar nicht! Ein fideler Knast also?

Das Lefortowo-Gefängnis hat eine lange Tradition als Haftanstalt für politische Gefangene. Es wurde unter Zarin Katharina der Großen im 18. Jahrhundert gebaut, zu Ehren der Monarchin besteht der Grundriss des Gebäudes aus einem K. Hier wurde gefoltert, erschlagen und erschossen. Seit der Oktoberrevolution ist es, neben der berühmt-berüchtigten Lubjanka, ein Gefängnis des Geheimdienstes, KGB-Isolator genannt. Hier sitzen vor allem Ausländer und Sowjetbürger, die wegen Delikten, die irgendwie mit dem Ausland zusammenhängen, Devisen- und Warenschmuggel etwa, angeklagt oder verurteilt sind; Rusts Zellengenosse Aleksandr zum Beispiel, weil er mit Ikonen gehandelt haben soll. Das Lefortowo ist ein sogenanntes Isolationsgefängnis, d.h. kleine Zelleneinheiten und keine Massenzellen wie in vielen anderen Gefängnissen. Es ist sauberer, ordentlicher und für die Gefangenen sicherer als etwa das Lubjanka-Gefängnis – und als die normalen Haftanstalten des Innenministeriums sowieso, wo menschenunwürdige Zustände herrschen. Die Isolation funktioniert perfekt – in der ganzen Zeit seines Aufenthaltes wird Rust nie einen anderen Gefangenen als seinen Zellenkameraden sehen. Er wie alle anderen werden ständig kontrolliert, die Wärter auf den Korridoren schauen alle zehn bis fünfzehn Minuten durch das Guckloch in der Zellentür. Es sei das ordentlichste Gefängnis in der ganzen Sowjetunion, meint Aleksandr, der u.a. auch die Lubjanka von innen kennt.

»Und Lefortowo ist das höchste Gebäude der Sowjetunion« – witzelt er düster.

»Wieso das? Es hat doch nur fünf Stockwerke?«

»Aber man kann von hier Sibirien sehen!«

Wie es scheint, verdankt Rust seine für sowjetische Verhältnisse äußert humanen Haftbedingungen einer Einflussnahme von ganz oben. Hinter den Kulissen sind es vor allem Anatolij Tschernjajew und Valentin Falin, die versuchen, Einfluss auf Gorbatschow zu nehmen. Zwei Tage nach dem »Vorfall« spricht Falin in der »Hamburger Morgenpost« die Vermutung aus, dass der junge Mann bald seine Eltern und Freunde wiedersehen werde – und meint es als Empfehlung.

»Ich schrieb an Gorbatschow einen Zettel«, erinnert sich Falin, *»dass Rust ein junger Mann ist, und wie es charakteristisch ist in diesem Alter, mit ziemlich besonderer Mentalität. Er wollte durch sein Beispiel zeigen, wie wir miteinander verbunden sind und wie wir ein gemeinsames Leben leben können – ohne einander zu bedrohen.«*

»Rust«, schreibt Falin in seinen »Politischen Erinnerungen«, »machte den Eindruck eines Menschen, der von einer fixen Idee besessen ist, in der Spätpubertät keine Seltenheit. Es gibt keine ernst zu nehmenden Beweise, daß eine Verschwörung vorliegt oder eine ›sorgfältig geplante Provokation‹, wie unsere Botschaft aus Bonn berichtet. Im Gegenteil, solide Angaben sprechen dafür, daß Rust im Alleingang gehandelt hat, und zwar ohne die Absicht, der Sowjetunion einen politisch-militärischen Prestigeverlust zuzufügen.«[53]

Anfang Juli ist der deutsche Bundespräsident in Moskau. Falin trifft sich mit einer Gruppe Journalisten, die Weizsäcker begleiten. Seine Bemerkung, dass »sich in diesen Stunden Rusts Schicksal entscheiden« würde, wird so verstanden, dass seine Freilassung unmittelbar bevorstehe.

Gorbatschow reagiert sauer und verbietet ihm, sich weiter zu diesem Thema zu äußern: »Tags darauf … rief Jakowlew an. Er wollte wissen, wieso ich ›Versprechen über die baldige Freilassung Rusts‹ verbreite. Der Generalsekretär hat es sorgfältig vermieden, dem Bundespräsidenten Hoffnungen zu machen. Der Beschluss, die ›Affäre Rust‹ dem Gericht zu übergeben, ist gefaßt. Ich erwiderte: Das Politbüro, von falschen Voraussetzungen geleitet, hat einen falschen Beschluß gefaßt. Ich habe alles, was von mir abhing, getan, um das zu verhüten. Jakowlew legte mir ›kameradschaftlich‹ nahe, den Fall Rust nicht mehr zu erwähnen. Der Generalsekretär glaube, auf ihn werde Druck ausgeübt, und reagiere nervös.«[54]

Tschernjajew empfiehlt seinem Arbeitgeber, auf Rust zuzugehen. Am 14. Juni schreibt er in sein Tagebuch: »M. S. [Michail Sergejewitsch, also Gorbatschow] hat offenbar meinen Vorschlag gelesen, sich mit Rust zu treffen (um ihm zu sagen: ›Was hast Du Rotzbengel angestellt?‹). Dann hat er einen Brief an seine Eltern über die Politbürositzung geschrieben.«[55]

Für diesen Brief gibt es allerdings keinen weiteren Beleg. Im Hause Rust ist so ein Schreiben nie angekommen.

Einen Tag später hält Tschernjajew ein Gespräch mit Gorbatschow fest. Der hat mit der Begründung, dass er sich jetzt nicht mit den Deutschen befassen wolle, ein geplantes »Spiegel«-Interview verschoben: »Er hat dabei Rust, den Flieger, und die Feiern anlässlich des 750. Jahrestages der Stadt Berlin im Auge. ›Wir werden uns etwas mit der gesamtdeutschen Politik befassen, und dann werde ich ihnen eine Erklärung im ›Spiegel‹ dazu abgeben. Aber im Bezug zu Rust, bitte vereinfache nicht!‹

›Ich vereinfache nicht, aber bin davon überzeugt, wenn dieses Jüngelchen sogar von irgendjemand das Werkzeug war, er persönlich hatte keine schlechten Absichten.‹

›Nun vereinfache trotzdem nicht, wir werden ihn einsperren, alles dem Gesetz entsprechend, wie es sich gehört, mögen sie auch bitten.‹«[56]

Mit »sie« meint Gorbatschow offensichtlich Genscher und die anderen westdeutschen Besucher, die sich für die nächste Zeit angesagt haben: Richard von Weizsäcker und Franz Josef Strauß.

Untersuchung

Am 15. Mai dringt um 7.30 Uhr im Gebiet hinter Bialystok mit Kurs auf Smolensk ein deutsches Transportflugzeug Junkers 52 in den sowjetischen Luftraum ein. Unbemerkt von der Luftabwehr fliegt es 1200 Kilometer und landet auf dem Tuschinsker Flughafen in der Nähe von Moskau. Stalin tobt. Das NKWD (Vorgänger des KGB) deckt eine angeblich antisowjetische Verschwörung deutscher Spione in den Luftstreitkräften auf. Eine Welle von Verhaftungen, Folterungen und Erschießungen, bis weit in die Zeit nach dem deutschen Überfall auf die Sowjetunion am 22. Juni, folgt. Die meisten Opfer sind hohe Generäle und Offiziere der Luftabwehr und der Luftwaffe, darunter der Oberkommandierende der Luftverteidigung. Wir schreiben das Jahr 1941.

Etwa dreihundert Kommandeure werden am 16. Oktober 1941, während die Schlacht um Moskau tobt, hastig exekutiert, der Rest nach Kuibyschew (Samara), der vorübergehenden provisorischen Hauptstadt, evakuiert und dort auf persönlichen Befehl von Geheimdienstchef Berija am 18. Oktober erschossen.[57] Diese Landung bei Moskau zeigt Hitler, wie schwach und schlecht vorbereitet die sowjetischen Streitkräfte sind.

»Die Welt« berichtet 2008, das Flugzeug sei zurückgeflogen, nachdem es in Moskau aufgetankt wurde.[58]

84

Mathias Rust ist also nicht der Erste, der in sowjetischen Luftraum eindringt, und es ist nicht das erste Mal, dass ein sowjetisches Staatsoberhaupt den Anlass nutzt, um aufzuräumen. Allerdings haben sich die Zeiten geändert, Folterungen und Erschießungen gibt es diesmal nicht.

Einen ähnlichen Vorfall gab es bereits im November 1938, als ein britisches Sportflugzeug, wie Rust aus Skandinavien, aber diesmal aus Stockholm kommend, auf einem Acker rund dreihundert Kilometer vor Moskau landete. Das Motiv des Piloten ist ebenfalls ein romantisches; allerdings geht es nicht um das Glück der Menschheit, sondern um sein persönliches Glück. Der tollkühne Flieger, Bryan Montague Grover, ist verliebt. Er will seine Geliebte, eine Pharmazeutin aus Grosny, heimholen. Der Ingenieur hatte sie kennengelernt, als er als ausländischer Spezialist Anfang der dreißiger Jahre dort arbeitete. 1934 musste er zurück – ohne seine Jelena. Doch vergessen konnte er sie nicht. Er machte den Pilotenschein, kaufte ein gebrauchtes Sportflugzeug und machte sich auf die Reise. Die britische Presse titelt: »Die romantischste Tat des 20. Jahrhunderts.«

Und auch Stalin zeigt sich ungewöhnlich mild. Nach nur sechs Wochen Untersuchungshaft wird Grover vor dem Moskauer Stadtgericht angeklagt. Das Urteil: Schuldig, doch man wolle nicht an seinem Motiv vorbeigehen, denn die Sehnsucht nach der geliebten Frau verdiene Achtung. Grover zahlt 1500 Rubel Geldstrafe und darf mit seiner Jelena ausreisen. Was mit dem Flugzeug wurde, ist nicht bekannt.[59]

Im Fall Mathias Rust geht es nicht ganz so glimpflich ab. Während man ihn im Lefortowo-Gefängnis verhört, wird innerhalb der Luftabwehr eine ausführliche Untersuchung der genauen Umstände durchgeführt, die es ermöglichten, dass Mathias Rust bis Moskau fliegen und im Herzen der sowjetischen Hauptstadt landen konnte. Oberst Oleg Argunow, ein russischer Militärwissenschaftler, macht die Ergebnisse der Untersuchung 2005 in der russischen Zeitschrift »Luft- und Raumverteidigung« öffentlich.[60]

Gorbatschows Behauptung, die Landung des Kreml-Fliegers habe gezeigt, dass die Sicherheit des Landes nicht gewährleistet sei, weil Rusts Flugzeug unbehelligt durch den sowjetischen Luftraum fliegen konnte, wird durch diesen umfangreichen Untersuchungsbericht eher widerlegt. Die sowjetische Luftabwehr hatte zu jedem Zeitpunkt die Cessna 172 im Auge. Sie hat sie lediglich nicht abgeschossen oder zur Landung gezwungen. Allerdings bringt die Untersuchung eine Kette von geradezu unglaublichen Zufällen und enormen Pannen ans Licht.

Bevor wir jedoch zu diesen Details kommen, soll zunächst von zwei außergewöhnlichen Ereignissen die Rede sein, die in unmittelbarem Zusammenhang mit dem Ausgang des Flugabenteuers stehen und denen Mathias Rust vermutlich sein Leben verdankt. Beide hängen mit Luftraumverletzungen zusammen, und in beiden Fällen handelt es sich um koreanische Maschinen:

Wie bereits erwähnt, verletzte am 20. April 1978 eine koreanische Boeing 707 nahe der finnischen Grenze den sowjetischen Luftraum. Versuche, das vom Kurs abgekommene Flugzeug in Karelien zur Landung zu zwingen, scheiterten. Daraufhin befahl der Kommandierende der 10. Luftarmee, Waffen anzuwenden. Ein Abfangjäger vom Typ Su-15 eröffnete das Feuer auf die Verkehrsmaschine des Fluges KAL 902 und beschädigte die Unterseite des linken Flügels. Splitter des Gefechtskopfes durchschlugen den Rumpf, töteten zwei Passagiere und verursachten einen plötzlichen Druckabfall in der Kabine. Der Kapitän entschloss sich zu einer Notlandung auf dem zugefrorenen See Korpijärvi im Rayon der Stadt Kemy. Die anschließende Untersuchung förderte offensichtlich einige Missstände bei den Luftstreitkräften zutage, denn die Abfangjäger hatten die koreanische Maschine in den Wolken verloren, und die Militärführung erfuhr von der Landung erst Stunden später durch Berichte von Anwohnern.

»Eine einflussreiche Gruppe der höchsten Führer des Verteidigungsministeriums«, so formuliert es Oberst Argunow in seinem Artikel, beschloss im Sommer des gleichen Jahres eine weitgehende Reform der Luftstreitkräfte und der Luftverteidigung. Es kommt zu einer Dezentralisierung der Luftabwehr: »Die Pläne der Reformatoren sahen vor, den größten, besten und kampffähigsten Teil der Luftstreitkräfte der UdSSR in die Truppen der Grenzverteidigung in den jeweiligen Regionen einzugliedern. Diese übereilten organisatorischen Maßnahmen führten unausweichlich zur faktischen Zerstörung des bewährten Systems der Befehlsstruktur, ihrer Arbeitsweise und ihrer Tätigkeit – der Senkung der Kampfkraft im Ganzen.«[61]

Der damalige Oberbefehlshaber der Luftstreitkräfte hieß Pawel Batizki, Marschall der Sowjetunion, offensichtlich ein unerschrockener Mann. Es handelte sich dabei um jenen Batizki, der fünfundzwanzig Jahre zuvor bei der Machtergreifung Chruschtschows im Jahre 1953 eine nicht unbedeutende Rolle gespielt hatte: Chruschtschow konnte sich seines Widersachers Berija, dem ja der KGB unterstand, nur mit Hilfe der Armee entledigen. Die Militärs hassten den Geheimdienstchef wegen seiner Säuberungen, denen unzählige hohe und höchste Offiziere zum Opfer gefallen waren. Auf der Politbürositzung am 26. Juni 1953 ließ Chruschtschow Berija durch Marschall Georgij Schukow und fünf andere hohe Kriegshelden unter Waffengewalt verhaften. Am 23. Dezember desselben Jahres wurde Berija durch ein Militärtribunal zum Tode durch Erschießen verurteilt. Das Urteil wurde sofort vollstreckt – eigenhändig durch Pawel Batizki. So jedenfalls berichtet es im Jahre 2010 der Stabschef der russischen Luftstreitkräfte, Wadim Wolkowizki.[62]

Batizki widersetzte sich also im Jahre 1978 vehement der Umstrukturierung seiner Luftstreitkräfte. Er schrieb mehrere

Erklärungen an das Verteidigungsministerium, trat in Versammlungen dagegen auf und wandte sich schließlich an das ZK der KPdSU. Mehrere Versuche, Breschnew persönlich seine starken Bedenken vorzutragen, scheiterten. Breschnew war damals bereits schwerkrank und vom »Altersschwachsinn« (Tschernjajew) gezeichnet. Unter dem Vorwand, ihn zu schonen und alles Aufregende von ihm fernzuhalten, schalteten und walteten wenige Personen seiner unmittelbaren Umgebung, vor allem der Außen- und der Verteidigungsminister, wie sie wollten.[63] Schließlich wurde Batizki, der keine Ruhe geben wollte, seines Postens enthoben. Offiziell trat er am 28. Juli 1978 auf eigenen Wunsch zurück. So wie Marschall Sokolow neun Jahre später im Zusammenhang mit dem Kremlflug von Mathias Rust.

Zeitgleich mit Batizki wurde eine große Zahl von Generälen und führenden Offizieren der Operativkräfte in den Ruhestand versetzt. Nach Ansicht von Oberst Argunow wirkte sich dies verheerend auf die Qualität der Truppenführung aus: »Der Schaden, der durch die undurchdachten Aktionen der militärpolitischen Führung damals angerichtet wurde, war unermesslich.« Auch General Pjotr Deynekin, 1987 Oberbefehlshaber der Luftstreitkräfte, meint rückblickend: *»Seit der Umstrukturierung gab es im Verteidigungsministerium und im Generalstab eine starke Opposition, weil die Luftabwehr auf eine Vielzahl militärischer Bezirke aufgeteilt war. Sie entbehrte einer zentralen Leitung.«*

Die Situation an den Luftgrenzen der UdSSR blieb in den 1980er Jahren angespannt. Jährlich wurden mehr als dreitausend unangemeldete Luftobjekte aller Art geortet. Am 1. September 1983 verletzte wiederum eine koreanische Verkehrsmaschine, diesmal vom Typ Boeing 747, mit der Flugnummer KAL 007, sowjetischen Luftraum. Es geschah weit im Osten, zwischen der Insel Sachalin und dem Festland, in der Nähe von mehreren militärischen Sperrgebieten. Wieder stiegen Abfangjäger vom Typ Su-15 auf. Da die Maschine nicht auf Lichtsignale und Warnschüsse reagierte, gab das Luftverteidigungskommando den Befehl zum Abschuss. Major Gennadi Ossipowitsch feuerte zwei Luft-Luft-Raketen auf die Passagiermaschine ab. Bei dem Absturz ins Meer kamen alle 269 Menschen an Bord ums Leben. US-Präsident Reagan erklärte die Sowjetunion zum »Reich des Bösen« und verbot für die nächsten drei Jahre Flüge der sowjetischen Gesellschaft Aeroflot in die USA.

Der russische Journalist Aleksandr Galkin drehte vor einigen Jahren einen Film über das Ereignis und fand Ossipowitsch, versteckt vor der Öffentlichkeit, in einem kleinen Ort in Nordossetien. Bei ihm, sagt Galkin, spielte sich die gleiche innere Tragödie ab wie bei dem amerikanischen Piloten, der die Atombombe auf Hiroshima geworfen hat.

»Nach den Ereignissen des 1. September 1983«, so der Militärhistoriker in seinem trockenen Armeerussisch weiter, »fasste die Führung des Landes einen politischen Beschluss über die Einschränkung von Waffengewalt durch die Truppen der Luftverteidigung. Der Befehl des Verteidigungsministers verbot, das Feuer auf Passagier-, Transport- und Leichtmotorflugzeuge zu eröffnen.« Allerdings wurde gleichzeitig zur Vorschrift gemacht, »Eindringlinge mit allen Mitteln zur Landung zu zwingen«.

Nur vier Jahre später fliegt nun Mathias Rust, von Helsinki kommend, in den sowjetischen Luftraum. Natürlich weiß er nichts von den internen sowjetischen Verfügungen nach den früheren Vorkommnissen; er rechnet durchaus mit der Möglichkeit, abgeschossen zu werden. Deshalb setzt er ja auch vorsichtshalber mit entwaffnender Naivität seinen Motorradhelm auf, bevor er die sowjetische Küstenlinie passiert. Eher noch erwartet er aber, zur Landung gezwungen zu werden. Wie wir wissen, geschieht beides nicht.

Der damalige Präsident des Bundesnachrichtendienstes, Hans-Georg Wieck, sieht das so:

»Die sowjetische Luftverteidigung hat den Flug festgestellt und hat den Flug begleitet. Es ist nur keine Entscheidung getroffen worden, ihn durch Signale zu zwingen, an einer bestimmten, von den Sowjets bestimmten, Stelle zu landen.

Und das ist, glaube ich, der Punkt, an dem die Kritik innerhalb der Sowjetunion eingesetzt hatte. Aber ihn abzuschießen, das war keine angemessene Antwort. Das war kein großes Flugzeug, und da waren auch keine Waffen dran, das war irgendwie kein militärischer Vorgang. Aber er ist vollkommen erkannt worden, also die Luftverteidigung ist nicht ausgehebelt worden, und insofern ist manche westliche Spekulation, dass die Sowjets eigentlich nicht verlässlich ihren Luftraum beherrschen, unbegründet gewesen.

Und in der Wahl der Zwischenstationen kam damals auch das Motiv zum Vorschein. Rust fliegt nach Reykjavík, wo sich ein halbes Jahr vorher Gorbatschow und Reagan getroffen hatten und nicht ganz zu einer Übereinstimmung kamen. Und er landet in Helsinki, dem berühmten Ort, wo die Schlussakte über begrenzte Zusammenarbeit zwischen Ost und West 1975 unterzeichnet wurde. Und da zwischenzulanden und dann nach Moskau zu fliegen und dort zu erklären, er wollte etwas für den Frieden tun – diese Verknüpfung ist für einen jungen, idealistisch veranlagten Mann nicht von der Hand zu weisen, zumal wir wussten, dass es sich nicht um eine Operation von irgendeinem Geheimdienst handelt, die das sowjetische System testen wollte.

Er hat geglaubt, mit seiner Handlung eine historische Wirkung auslösen zu können, mit diesem Flug also Gorbatschow und Reagan erneut an den Verhandlungstisch zu bringen. Das ist seine Absicht gewesen.«

Auf die Minute genau zeichnet der militärische Untersuchungsbericht den Flug der Cessna 172 am 28. Mai 1987 nach:

Bei schönstem Flugwetter erhält Rust um 13.10 Uhr in Helsinki die Startgenehmigung, um 13.21 (finnische Zeit 12.21 Uhr) erhebt er sich in die Lüfte: »Haufenwolken, Windstärke 4 bis 5,

Wind Nordwest 5 bis 19 Meter pro Sekunde, Sicht mindestens 15 bis 20 Kilometer«, verzeichnet der Bericht. Rust wird sehr früh von der sowjetischen Luftabwehr entdeckt. Um 14.10 Uhr meldet der Diensthabende der Radarstation RLSP 1 über den Territorialgewässern der Sowjetunion, in der Nähe der estnischen Siedlung Loks, ein »nichtidentifiziertes Leichtmotorflugzeug«, das sich der Uferzone nähert.

Aber schon zu diesem frühen Zeitpunkt zeigen sich die Folgen der vor neun Jahren erfolgten Umstrukturierung. Die Kommunikation zwischen den zivilen Luftfahrtdispatchern und den Organen der Luftverteidigung klappt nicht mehr. »Wichtige Kenntnisse und Fähigkeiten zur Berechnung extremer Situationen waren verlorengegangen«, heißt es in einem Bericht.

Neunzehn wertvolle Minuten versuchen die Luftverteidiger vergeblich, sich »über die herausgebildete Luftsituation Klarheit zu verschaffen«, neunzehn Minuten vergehen, bis dem unbekannten Flugobjekt vorschriftsgemäß eine »Kampfnummer« zugeordnet wird, die Nummer 8255. Rusts Cessna 172 wird nun als gegnerisches Objekt 8255 weiter beobachtet.

Es ist jetzt 14.29 Uhr. Der Kommandeur des 656. Jagdflieger-Regiments der Stadt Tapa beschließt, ein paar Abfangjäger vom Typ MiG-23 nach oben zu schicken. Ihre Aufgabe: visuell zu erkunden, um was für einen »Grenzverletzer« es sich handelt. Einer der Piloten, Oberleutnant Putschnin, entdeckt das Leichtmotorflugzeug. Es taucht kurz in einer Wolkenlücke auf. Putschnin erkennt im Vorbeirasen nicht viel mehr als einen dunklen Streifen an der Bordwand. Er meldet, dass es sich um ein Sportflugzeug vom Typ Jak-12 handelt – eine verständliche Verwechslung, denn die sowjetische Jak-12 ähnelt der westlichen Cessna 172 sehr. Es gelingt ihm nicht, das Flugzeug ein zweites Mal in Sicht zu bekommen. Das ist die kurze Begegnung, die auch Rust bei seiner Vernehmung schildern wird. Hätte die MiG-23 ihn zum Landen auffordern können? Generaloberst Rasim Aktschurin, damals Kommandierender der Raketenkräfte an der Grenze, zwanzig Jahre später: »Es gelang uns nicht, ihn zur Landung zu zwingen, weil zwischen einem Abfangjäger und dem Flugzeug von Rust sehr große Geschwindigkeitsunterschiede bestehen.«[64]

Am Boden nimmt man an, dass das entdeckte Flugzeug zu einem der örtlichen Aero-Clubs gehört. General Pjotr Deynekin: *»Ich denke, dass ich vielleicht genauso reagiert hätte, weil sich am Himmel der Sowjetunion zu jeder Minute zehntausend solch kleiner Flugzeuge befunden haben wie das, mit dem Rust flog. Wir hatten ein Flugwesen in der Landwirtschaft, das sich mit der Düngung unserer Felder beschäftigte, Flugzeuge, die für die Ernte herangezogen wurden; außerdem gab es im ganzen Land Aero-Clubs. Und in jedem dieser Clubs flogen solche kleinen Maschinen wie vom Typ einer Cessna.«*

Kurzzeitig verliert man das Objekt 8255 ganz aus den Augen. Es stellt sich heraus, dass man eine Zeit lang ein Phantom verfolgt, das Flugzeug mit einem sogenannten Echoengel verwechselt hat. Mitte der siebziger Jahre hatte die Luftverteidigung neu entwickelte Hochleistungsradargeräte bekommen, die in der Lage waren, kleinste Objekte zu entdecken. Seitdem gab es aber leider das Problem mit den »Echoengeln«, meteorologische Phänomene, Wirbelbildungen in der Luft etwa, die das System als Flugobjekte interpretierte. Besonders im Frühling bei starken Temperaturunterschieden traten diese Phänomene auf. Es wurden spezielle Instruktionen für den Umgang damit erarbeitet – bei der Untersuchung stellte sich dann allerdings heraus, dass die Radar-Operateure diese Papiere nicht gelesen hatten.

Um 15.00 Uhr hat man das richtige Objekt offensichtlich wieder auf dem Schirm, denn es werden vom Flugplatz Gromowo noch einmal zwei Jagdflugzeuge in die Luft geschickt, um Typ und Staatsangehörigkeit von Objekt 8255 festzustellen. Aber ach, inzwischen hat sich das Wetter verschlechtert, eine geschlossene Wolkendecke hat sich gebildet, stellenweise regnet

Die Besatzung des sowjetischen Jagdflugzeugs MiG-23, das das unbekannte Flugobjekt mit Mathias Rust identifizieren sollte, hielt dessen Cessna 172 aus US-amerikanischer Produktion (oben) für eine Jak-12 sowjetischer Bauart (unten), weshalb keine »Feindbekämpfung« folgte.

es. Dreißig Minuten lang sucht man die Cessna vergeblich, dann beschließt man kurzerhand, dass es sich bei dem verdammten Objekt um einen dichten Vogelschwarm handelt.

Mathias Rust nähert sich inzwischen dem 2. Korps der Luftverteidigung, das schon zum Verantwortungsbereich des Moskauer Militärbezirks gehört. Hier ist ausgerechnet für den heutigen Tag eine planmäßige technische Wartung der Radareinrichtungen durch die Herstellerfirma vorgesehen. Das ist ein komplizierter Prozess, bei dem das Radar abgeschaltet wird und alle in der Luft befindlichen Flugzeuge die Kennung »Ich bin einer von uns« bekommen – so auch die Cessna, die gerade das Gebiet überfliegt. Der verantwortliche Offizier weigert sich in dieser Situation mit dem ungeklärten Flugobjekt zunächst, das Radar abzuschalten. Nach einigem Gezerre wird er als Diensthabender kurzerhand abgelöst.

Um 16.00 Uhr tritt Rust in die nächste Beobachtungs- und Kommandozone ein. Er verliert die vorübergehende positive Registrierung und gilt nun als »Verletzer des Luftregimes«, also als einer, der vergessen hat, das Erkennungssystem an Bord einzuschalten, oder der mit einer defekten Ausrüstung fliegt, aber nicht als »Grenzverletzer«. Das, werden die untersuchenden Organe später feststellen, war eine Fehleinschätzung. Die beiden dafür verantwortlichen Offiziere, Oberstleutnant Karpetz und Major Tschernech, müssen als Sündenböcke herhalten und werden härter bestraft als der eigentliche Grenzverletzer. Sie werden degradiert und vor dem Militärtribunal zu jeweils fünf Jahren Haft verurteilt.

Der russische Schriftsteller Wladimir Kaminer, in Deutschland vor allem bekannt durch seinen Erzählband »Russendisko«, leistet zu dieser Zeit seinen Militärdienst in einer Raketenstellung vor Moskau ab.

»Unsere bescheidene Einheit bestand aus einem Radar mit einer Reichweite von vierhundert Kilometern, drei Raketen, zwanzig Soldaten und vier Offizieren, die sich alle zwölf Stun-

Wladimir Kaminer zu Zeiten seines Militärdienstes in einer Raketenstellung bei Moskau im Frühjahr 1987.

den im Dienst abwechselten. Der eine war Säufer, der andere schwul, der dritte ein Komiker und der vierte ein Karrierist. Normalerweise verlief unsere Wache ziemlich ruhig. Der Säufer brachte immer ein paar Flaschen zu trinken mit, und der Schwule trug lustige Perücken. Alle Offiziere waren nämlich glatzköpfig, wegen der Radarstrahlung. Der Komiker erzählte uns abgegriffene Armeewitze, und der Karrierist starrte unentwegt auf den Radarschirm.«[65]

Am 28. Mai sitzt Kaminer am Radar: »Rust war mit seinem Flugzeug schon vorher auf unserm Monitor aufgetaucht und dann wieder verschwunden. Und plötzlich flog er über unsere Stellung, ich konnte den Schatten seines Flugzeuges sehen. Es wirkte, als würde ein Auto durch den Wald fahren, was ausgeschlossen war, weil überall Bäume standen. Ich rief meinen Offizier an, um ihm zu sagen, dass ich eben ein Auto über uns hinwegfliegen gesehen hatte. Jaja, wissen wir, hieß es.«[66]

Kaminer weiter im Fernsehinterview: »*Wir hatten mehrmals Alarm wegen dieser Angelegenheit, sind fünfmal durch den Wald gelaufen zu unseren Stationen und zurück. Dann hieß es immer wieder, Alarm ist aus, es passiert nichts. Damals wimmelte es im Luftraum um Moskau herum, überhaupt im ganzen Land, nur so von kleinen Flugzeugen ohne Funkgeräte. Jeder Kolchosvorsitzende konnte mal kurz mit seiner Tante über seinen Kolchos hinwegfliegen. Es war also ein reger Luftverkehr. Nur flogen diese Maschinen in der Regel nie so penetrant in Richtung Moskau, wie es eben bei Rust der Fall war. So hat er immer wieder die Aufmerksamkeit auf sich gezogen, aber gleichzeitig verschwand er auch immer wieder vom Radarschirm. Man wusste beim nächsten Mal nicht, ob das jetzt derselbe ist. Ich glaube, das erste Mal hatten wir Alarmstufe rot, als er noch im Baltikum war.*

Nun wollte aber keiner die Verantwortung auf sich nehmen und einen Abschussbefehl geben bei einem solchen Objekt. Unsere Station war sowieso gegen tieffliegende große Raketen und Flugzeuge vom Typ B 53 gedacht, um die ging es. Deshalb hatte eben auch keiner die Verantwortung übernommen, diese kleine Maschine abzuschießen.«

Der nächste Zufall, der Rust zugutekommt: Westlich der Stadt Torschok, wo die Cessna 172 sich jetzt befindet, hat es am Vorabend eine Katastrophe gegeben: Ein Bomber vom Typ Tu-22 und ein Abfangjäger MiG-25 waren in der Luft zusammengestoßen. An der Absturzstelle arbeiten mehrere Rettungstrupps und Spezialisten an der Untersuchung des Unglücks. Hubschrauber befinden sich in der Luft. Rust fliegt durch dieses Chaos, ohne Unruhe oder Alarm auszulösen. Er wird für ein Rettungsflugzeug gehalten.

Um 17.40 Uhr fliegt die Cessna in den Aktionsradius des Moskauer Flughafens Scheremetjewo, der sich im Nordwesten der Hauptstadt befindet. Das ist nun tatsächlich eine ernsthafte Bedrohung: ein nicht gemeldetes Flugzeug in dieser dicht beflogenen Zone, zu dem es keine Verbindung gibt! Auch eine bundesdeutsche Verkehrsmaschine ist im Landeanflug. Die Leitung des Flughafens unterbricht die Annahme und Abfertigung von Passagiermaschinen, das heißt, es darf kein Flugzeug landen oder starten, bis der »Verletzer des Luftregimes« die Zone wieder verlassen hat.

Um 18.30 Uhr erscheint Rust über Moskau, und nun ist es eh zu spät, irgendetwas zu unternehmen.

Zum Schluss fasst der Autor des Artikels der Zeitschrift »Luft- und Raumverteidigung«, Oberst Argunow, zusammen: »Während des Flugs hatten verschiedene Ereignisse sonderbarster Art stattgefunden. Jedes von ihnen hätte zur Unterbrechung des Flugs und zur Änderung des Ziels führen können. Nur ein Beispiel: Die gefährliche Gewitterfront zu Anfang des Flugs von Rust hätte alles radikal verändern können. Aber das geschah nicht. Der von Mathias geplante Flug verlief erfolgreich.«

Und auch ganz am Ende der Reise hat er noch einmal unwahrscheinliches Glück: Am Morgen des 28. Mai hatte ein Bautrupp einen großen Teil der Oberleitungsdrähte über der

Moskwa-Brücke, auf der Rust landete, entfernt, um sie am nächsten Tag gegen neue auszutauschen. Seine staunenden Vernehmer zitieren ein russisches Sprichwort: »Du musst mit einem Glückshemd geboren sein!«

In der Politbürositzung am 16. Juli 1987, die Befragungen Rusts und die militärische Untersuchung sind abgeschlossen, verspottet KGB-Chef Wiktor Tschebrikow die Militärs: »Nun, zuerst hätten sie ihn schon beim Anflug abgeschossen! *(Lachen)* Das Militär teilte mit, dass unsere Luftabwehr ihn zehnmal im Visier hatte und Fotoabschüsse durchführte, hundertprozentige Treffer und dies zehnmal, aber den Befehl zum tatsächlichen Abschuss erhielten sie nicht, weil der Oberkommandierende der Luftabwehr von Rust erst erfuhr, als dieser am Spasski-Turm ausrollte.«[67]

Tschebrikow treibt hier ein böses Spiel, dessen Regeln von den alten Spannungen zwischen Geheimdienst und Armee bestimmt werden. Natürlich ist er über den tatsächlichen Ablauf bestens informiert.

Oberst Argunow: »Was stellte sich bei der Untersuchung heraus: Offenbar gab es eine ernste Unvollkommenheit der Rechtsgrundlage für Aktionen der Streitkräfte der Luftverteidigung. Die Verteidigungskräfte waren praktisch Geiseln der ernsthaften Fehler der Politiker und der höchsten Amtspersonen der Luftverteidigung geworden. Es entstanden unüberwindliche Widersprüche zwischen den Aufgaben, die den Truppen der Luftverteidigung auferlegt waren, und den begrenzten Rechten bei der Anwendung von entsprechenden Kräften und Mitteln. … Das alles geht auf die undurchdachte und unprofessionelle Reorganisierung der Truppen im Jahr 1978 zurück. Man kann mit vollem Recht sagen, wenn nicht das Jahr 1978 gewesen wäre, dann hätte es die Ereignisse von 1987 nicht gegeben.«[68]

»Wir hätten in jedem Fall verloren«, meint General Pjotr Deynekin. *»Wenn Rust abgeschossen worden wäre, hätte auch da-*

für hart gestraft werden können, dass wir einen schutzlosen Amateurpiloten getötet hätten, der sich verirrt hatte. Wie unsere Führer auf den Flug reagiert haben, war aber völlig inadäquat.« Den Namen Gorbatschow vermeidet er hier. In einem Interview für die Gewerkschaftszeitung »Trud« (»Arbeit«) präzisiert er: »Die Cessna abzuschießen oder sie zur Landung zu zwingen hätte man mehrfach tun können, immer wenn man es gewollt hätte. Im Prinzip stellte dieses kleine Flugzeug für uns überhaupt keine Bedrohung dar. … Wir hatten uns damals auch ein Bild darüber gemacht, welchen Schaden ein Flugzeug dieses Typs hätte anrichten können, wenn der Pilot es darauf abgesehen hat, eines unserer wichtigen Objekte anzugreifen, also das Flugzeug darauf abstürzen zu lassen. Wir hatten auch amerikanische Erfahrungen studiert, und es hat sich gezeigt, dass der Zerstörungsgrad minimal war. Als man die militärische Führung anklagte, dass Rust einen Diversionsakt hätte durchführen können, in irgendeinem Betrieb oder auf irgendein Kraftwerk hätte stürzen können, so klang das an den Haaren herbeigezogen und war nicht seriös.«[69]

Und General Aleksandr Iwanow, 1987 Führungsoffizier im Moskauer Luftabwehrbezirk, betont, dass die Luftabwehr ständig einsatzbereit war: »*Wenn einer nicht schläft, ist das ein Philosoph, wenn zwei nicht schlafen, handelt es sich um Verliebte, und wenn viele nicht schlafen, sind das die Grenztruppen der Luftabwehr*«, zitiert er einen alten Witz, und fährt ernsthafter fort: »*Weil es kein Kampfflugzeug, sondern ein kleines Flugzeug war, hat man ihm natürlich keine besonders große Aufmerksamkeit geschenkt. Deshalb haben sie es die ganze Strecke geführt und haben seinen Weg verfolgt. Es wurden Luftkräfte und Jagdflugzeuge gestartet. Die sahen, dass da ein Flugzeug mit einem Streifen ist, das ist alles. Wie es bei uns im Sprichwort heißt: Mit Kanonen schießt man nicht auf Spatzen. So ist er wohlbehalten bis zum Roten Platz geflogen.*«

Der Abschlussbericht zeigt, dass die Luftabwehr nicht völlig versagt hat! Die oft, auch in Deutschland, geäußerte Meinung, der nicht erfolgte Abschuss sei »kein Ruhmesblatt« für die Luftverteidiger der Sowjetunion, ist Unsinn. Eher ist das Gegenteil der Fall: Dass sie ihn *nicht* abgeschossen haben, zeugt von besonnener Haltung. Allerdings wäre es der militärische Auftrag gewesen, die Maschine weit vor Moskau abzufangen und zur Landung zu zwingen.

Nach dem Kreml-Flug von Rust ordnet Gorbatschow an, dass die Luftabwehr aus der Verantwortung der Militärbezirke wieder herausgelöst und dem Oberkommando unterstellt wird. Er stellt somit den Zustand von vor 1978 wieder her.

Prozess

Kehren wir noch einmal zur Politbürositzung vom 16. Juli 1987 zurück, von der uns die Aufzeichnung von Berater Tschernjajew vorliegen. Danach schlug Geheimdienstchef Tschebrikow vor, den Fall jenem Hamburger Gericht zu übergeben, das bereits ein Verfahren gegen Rust eingeleitet hat. Er fügte hinzu, dass sich die Mitarbeiter des KGB unter das Volk gemischt hätten, und die gesellschaftliche Meinung sei mehrheitlich so, dass es Verständnis für diesen Dummenjungenstreich gäbe und man nicht überreagieren solle. Tschernjajew: »Ich sehe, wie M. S. (Gorbatschow) bleich wird, seine Augen nehmen eine schwarz-diamantene Farbe an. Offensichtlich gerät er in Wut und regt sich auf: ›Wie war es möglich, dass so etwas geschehen konnte? Er wollte sich mit mir treffen? Mit mir treffen sich viele und schreiben, und ich antworte. Aber nein, das hier ist eine Provokation! Wir haben 150 Generäle und Offiziere dem Gericht übergeben, wir haben den Verteidigungsminister abgelöst! Warum? War das vielleicht nicht richtig? Und jetzt sagen wir ihm: Nun geh nach Hause! Nein. (…) Er hat das Gesetz dreimal verletzt, die Grenze, dann der Flug nicht über dem Korridor und die Landung auf einem besiedelten Platz. Er muss nach dem Gesetz bestraft werden. Sind die Ermittlungen beendet? Nun, dann muss die Gerichtsverhandlung folgen, wie es das Gesetz vorschreibt. Es sind ein bis zehn Jahre Freiheitsentzug vorgesehen und irgendwo dort wird es sich einpendeln.«[70]

Die Staatsanwaltschaft Itzehoe hatte tatsächlich »von Amts wegen« ein Ermittlungsverfahren wegen des Vorwurfs der Gefährdung des Luftverkehrs eingeleitet. Aber wie hätte Gorbatschow vor seinen Militärs dagestanden, wenn er Rust an das deutsche Gericht übergeben hätte!? Nach dieser Aufräumaktion!

Vor dem Prozess ist die Stimmung in Moskau gelöst. Der Journalist Aleksandr Galkin: *»Als der Prozess gegen Rust organisiert wurde, gab es praktisch jeden Tag neue Informationen. Man teilte irgendwelche Einzelheiten mit, sogar in der offiziellen sowjetischen Propaganda, die den Parteiorganen untergeordnet war. Es gab kein närrisches Anschüren, es hieß ›Ja, so ein Rüpel, er hat die Grenzen verletzt, er hatte kein Recht, das zu tun‹, doch im Ganzen war man ihm nicht sehr böse.«*

Die Verhandlung gegen Mathias Rust beginnt am 2. September 1987 vor dem Obersten Gericht der UdSSR. Sie ist öffentlich und findet im größten Saal des Gerichtsgebäudes statt. Offensichtlich will man dem hochinteressierten Ausland zeigen, dass alles gesetzlich und nach internationalen Maßstäben zugeht. Zweihundert bis dreihundert Zuschauer sind im Saal, die meisten davon Journalisten. Seine Eltern und sein Bruder sind ebenfalls angereist.

Dabei wäre der Prozess um ein Haar geplatzt. Drei Tage vor Beginn bekommt Mathias Rust starke Magenkrämpfe und Durchfall, er kann keine Nahrung mehr bei sich behalten. Die Situation wird bedrohlich, man fährt ihn in ein Krankenhaus. Dort erhält er ein Einzelzimmer, Aufseher aus dem Lefortowo-Gefängnis in Zivil bewachen ihn darin. Er muss alle möglichen Untersuchungen über sich ergehen lassen. Der behandelnde Arzt tippt auf psychosomatische Ursachen, verschreibt Kohletabletten und eine Diät, die er ab dann auch bekommt. Der Sanitäter im Gefängnis hatte scherzhaft gemeint, ein Glas Wodka

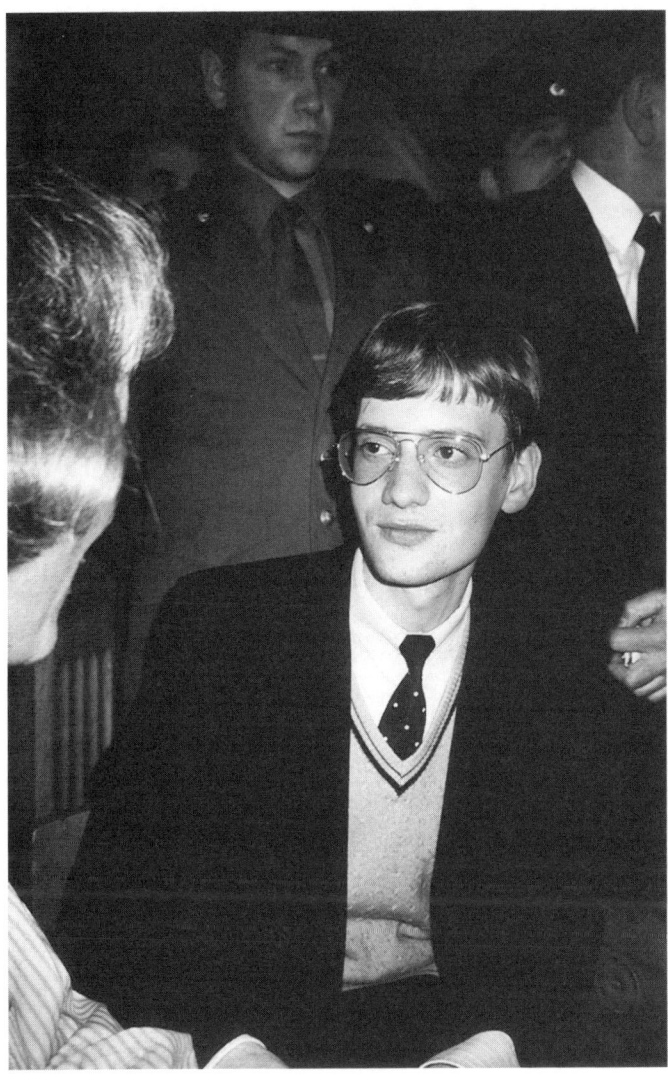

Mathias Rust mit seiner Mutter am Rande des Prozesses vor dem Obersten Gericht der UdSSR.

würde ihn schon heilen, aber das ginge ja hier leider nicht. Nach zwei Tagen geht es ihm besser – der Prozess ist gerettet.

Seit die Voruntersuchung abgeschlossen ist, hat Rust mit Wsewolod Jakowlew einen Rechtsanwalt gestellt bekommen, der sogar die deutsche Sprache beherrscht. Vorsitzender Richter ist der neunundfünfzigjährige Robert Tichomirnow, seine beiden Laien-Beisitzer sind eine Ingenieurin aus Tallinn und ein Meister aus der Moskauer Autofabrik SIL.

Die Anklagebank hat man extra für den von der Welt mit Spannung erwarteten Prozess frisch gestrichen – leuchtend rot, passend zum Roten Stern über dem Richtertisch. Als der Teenager sich setzen will, merkt er, dass die Ölfarbe noch backt. »Das geht nicht«, insistiert er, »da kleb' ich ja fest!« Aufregung und Hektik. Was tun? Schließlich findet sich ein Geschirrhandtuch, auf dem er dann seinen dreitägigen Prozess absitzt. Während der Prozessdauer wird er von zwei stehenden Uniformierten eingerahmt. Alle zwei Stunden werden sie abgelöst. Rust bemerkt, dass sie in den dicken Uniformjacken fürchterlich schwitzen. Als Petrenko in einer Pause zu ihm kommt, um ihn zu fragen, ob er einen Wunsch hätte, bittet er, ob es nicht möglich sei, dass die Bewacher ihre Jacken ausziehen könnten. Das, meint Petrenko, würde wohl den Vorschriften widersprechen. Doch nach der Pause tragen seine Bewacher nur noch Uniformhemden. Rust erntet ein dankbares Lächeln.

Der erste Tag dient der Anklageerhebung, der zweite der Beweisaufnahme, am dritten wird das Urteil gesprochen.

Staatsanwalt Wladimir Andrejew nennt drei Anklagepunkte: gesetzwidrige Einreise in die UdSSR, Verstöße gegen die Regeln des internationalen Luftverkehrs und böswilliger Hooliganismus, was sich mit »schwerem Rowdytum« übersetzen lässt. Er führt aus, dass Rust seine Tat nachweislich langfristig geplant und vorsätzlich begangen habe. In abenteuerlicher Weise und mit großer Dreistigkeit habe er den Flugverkehr gefährdet und die öffentliche Ordnung auf das Gröbste verletzt. Dennoch habe

Während des Prozesses mit Rechtsanwalt Wsewolod Jakowlew.

Rust persönlich keine feindlichen Absichten gegenüber der Sowjetunion gehegt. Er fordert acht Jahre Lagerhaft unter verschärften Bedingungen, also wenig unter der denkbaren Höchststrafe von zehn Jahren.

Nach dem Verlesen der Anklageschrift bekennt sich Rust im Sinne der Anklage für schuldig, weist jedoch den dritten Punkt zurück. Ein Hooligan, nein, das sei er nicht. Er habe doch mit dieser Aktion eine Friedensmission durchführen wollen. Darüber hinaus verfüge er »über gute Erfahrungen in Kurzlandungen«. Die Gefahr einer »Beschädigung von Infrastruktur und Mensch« sei aus seiner damaligen Sicht gering gewesen, doziert er auf seine altkluge Weise.

Richter Tichomirnow führt, vielleicht mit Blick auf die anwesende Weltöffentlichkeit, vielleicht auch auf höheres »Anraten«, ein erstaunlich lockeres Regime. Auf Rusts Schilderung, dass er gleich nach seiner Landung »mit den Regierungsoberhäuptern dieser Nation über die zahlreichen Vorschläge, die ich vorbereitet hatte«, sprechen wollte – er spielt hier auf seinen vierzigseitigen Gesellschaftsentwurf »Lagonia« an, der das Beste der Systeme aus Ost und West vereinen sollte –, antwortet der Richter trocken mit der Frage, warum er denn seine Vorschläge nicht mit der Post geschickt hätte.

Bei der Befragung der Milizionäre, die am 28. Mai am Roten Platz Dienst hatten, spielt sich folgender Dialog ab:

Richter: »Was dachten Sie, als das Flugzeug über dem Platz auftauchte?«

Milizionär: »Ich glaubte, es würden Filmaufnahmen gemacht.«

Richter: »Wie haben Sie sich verhalten?«

Milizionär: »Ich habe das Hauptquartier angefunkt und gefragt, was hier los ist. Die haben aber keine Antwort geben können. Dann sah ich, dass das Flugzeug auf die Brücke Anlauf nahm. Daraufhin habe ich die Brücke kurzerhand gesperrt.«

Richter (todernst): »Da haben Sie ja Beihilfe geleistet! Beihilfe zu einer Straftat!«

Milizionär (verblüfft): »Wieso Beihilfe?«

Richter: »Sie haben mit der Sperrung der Brücke die Landung erst ermöglicht!«

Der Milizionär wird bleich. Aber jetzt lacht der Richter, und ein erleichtertes Raunen geht durch die Zuschauerreihen. Die Zeiten, da so eine Befragung in Sibirien geendet hätte, sind noch nicht lange vorbei. Diesmal war es nur ein Scherz. In diesem locker geführten Prozess ist der Versuch, in Zeiten von Perestroika und Glasnost dem Ausland ein menschliches Antlitz zu zeigen, das Weltinteresse zu nutzen, um vom Image des »Reiches des Bösen« wegzukommen, unverkennbar.

Rechtsanwalt Jakowlew hält ein kluges und einfühlsames Plädoyer. Er betont vor allem die Jugend und den Idealismus seines Mandanten und dass er seine Tat bereue. Das Urteil lautet schließlich vier Jahre Lagerhaft, und das auch nur zu milden Bedingungen im sogenannten allgemeinen Regime. Selbst der Rechtsanwalt, der mit mindestens fünf Jahren gerechnet hatte, ist verblüfft.

In der Pause vor der Urteilsverkündung war Anstaltsleiter Petrenko in die Wartezelle von Rust gekommen, um ihm zu sagen, dass er jetzt sehr stark sein müsse, denn er werde zu einer Haftstrafe verurteilt. Aber er solle sich keine Sorgen machen, bis zum Ende der Haftzeit werde er sicher nicht im Gefängnis bleiben müssen.

Nach der Urteilsverkündung darf sich der Verurteilte sogar eine Viertelstunde mit seinen Eltern zusammensetzen, auch dies eine besondere und gar nicht selbstverständliche Geste des Gerichts. »Im Dauerblitzlicht der Photographen und eingerahmt von entgegengestreckten Mikrofonen saßen sie heiter händchenhaltend in der Anklagebank. … Alles war, als hätte der Bub gerade einen Kunstflug-Wettbewerb gewonnen«, beschreibt es der Prozessbeobachter des »Spiegel«.[71]

Als die Eltern das Gerichtsgebäude verlassen, kommt es noch zu einem seltsamen und originellen Zwischenfall. Ein junger Molkereiarbeiter aus Leningrad überschüttet Monika Rust mit Papierfliegern. Er ist extra angereist, als er von dem hohen Strafantrag des Staatsanwaltes hörte. Auf den Papierfliegern hat er in kurzer Zeit zweihundert Unterschriften für den Kreml-Flieger gesammelt. Viele Moskauer haben noch Kommentare wie »Freiheit für Rust« und »Flieg noch einmal« hinzugefügt – ein deutliches Zeichen für die Zustimmung in der Bevölkerung. »Mathias hat mehr für den Frieden getan als alle Politiker!«, ruft der junge Mann in die Fernsehkameras.[72]

Für die »Neue Zeit« berichtet Lew Besymenski vom Prozess, derselbe Besymenski, der noch vor Wochen seine Hand dafür ins Feuer legen wollte, dass hinter dem Kreml-Flug finstere Mächte Regie geführt und den Flieger instruiert hätten. Davon ist nun keine Rede mehr. Jetzt grummelt er noch etwas von »berechtigtem Misstrauen« und zitiert lammfromm die Einschätzung des Staatsanwalts, dass Rust »keine feindlichen Absichten« gehabt habe.[73]

Die Prozesskosten in Höhe von 400 Rubeln werden von den Eltern bezahlt. Noch am selben Tag schreiben sie mit Hilfe von Rechtsanwalt Jakowlew einen Brief an Michail Gorbatschow, in dem sie ein offizielles Gnadengesuch an Staatsoberhaupt Gromyko ankündigen, und versuchen in aller Naivität, den Brief am nächsten Tag einem Milizionär zu übergeben, der die Kreml-Einfahrt überwacht. Der verweist sie an die Empfangsstelle des Zentralkomitees in der Kuibyschew-Straße.

Rust wird wieder in seine Zelle im Lefortowo-Gefängnis gebracht. Und dort bleibt er auch. Das Lager findet nicht statt. Die Begründung: Man fürchte um seine Sicherheit: »*Direktor Petrenko sagte, sie wollten mich gern im Gefängnis belassen, um sicherzustellen, dass nichts passiert, denn durch mein Erscheinen in Moskau sind sehr viele Militärs entlassen worden und sie befürchten, dass es da im Lager Verbindungen zu Leuten geben könnte,*

Medienandrang nach dem Prozess: Mathias Rust mit Mutter Monika und Vater Karl-Heinz.

die sich an mir rächen wollen. Um das auszuschließen, sagte er sinngemäß: Bleib in Lefortowo, da biste zwar eingesperrt, kannst dich nicht frei bewegen, aber das ist immer noch besser, als wenn dich einer im Arbeitslager beseitigt.«

Die Cessna übrigens wird vom Gericht freigegeben, weil sie nicht Eigentum des Gesetzesbrechers ist. Für 13 000 Dollar kann sie freigekauft werden. Die Münchener Firma Azuma Royal bietet dem Hamburger Aero-Club 160 000 DM und bekommt den Zuschlag. Ein glänzendes Geschäft für den Fliegerklub. Im Oktober wird sie von einem Flugkollegen Rusts in Begleitung eines sowjetischen Navigators über Leningrad und Bornholm heimgeholt. Sicherheitshalber landet man nicht in Helsinki, weil man befürchtet, dass die Cessna beschlagnahmt wird. Den fehlenden Copilotensitz hatte man vorher in Wedel abgeholt.

Am 5. November meldet der »Stern«: »Hoffnung«. Das Präsidium des Obersten Sowjets unter der Leitung von Andrej Gromyko werde sich voraussichtlich Ende November mit dem Gnadengesuch befassen. So lange könne Rust auf jeden Fall im Lefortowo-Gefängnis bleiben. Seine Eltern hätten ihn das zweite Mal dort besucht, es ginge ihm gut, er sei stark und optimistisch und lerne Russisch mit einem Lehrbuch. Als Zellenlektüre hätten sie ihm die Bücher »Glück des Fliegens« von Richard Bach und »Der kleine Prinz« von Antoine de Saint-Exupéry mitgebracht.[74]

Doch das Gnadengesuch wird abgelehnt. Dies verkündet am Abend des 8. Dezember 1987 ein Sprecher des Außenministeriums. Dahinter steckt eine kleine politische Intrige: Gorbatschow ist zu dieser Zeit in Washington. Ihm ist endlich ein Durchbruch auf dem Gebiet der Abrüstung gelungen; er unterzeichnet mit Ronald Reagan den INF-Vertrag über die Vernichtung landgestützter nuklearer Kurz- und Mittelstreckenraketen.

Und obwohl noch gar nicht über das Gnadengesuch von Mathias Rust entschieden worden ist, wie Rechtsanwalt Jakowlew vertraulich von Gorbatschows außenpolitischem Sprecher Gerassimow erfahren hat, wird die Meldung in die Welt gesetzt. Die Hardliner spielen ihr eigenes politisches Spiel. Nun kann Gorbatschow nach seiner Rückkehr Rust nicht mehr so einfach freilassen.

Damit sind alle Hoffnungen auf ein schnelles Ende der Gefängniszeit für Mathias Rust dahin. Sein Zustand verschlechtert sich. Die Magen- und Darmprobleme sind trotz Diät auch wieder da. Dazu kommt ein entzündeter Weisheitszahn, der starke Schmerzen verursacht und schließlich gezogen werden muss.

Anfang Januar verbringt er seinen 20. Geburtstag im Gefängnis. Draußen ist es eisig kalt, der Garten ist tief verschneit. Einen riesigen Schneehaufen hat man an der Mauer aufgetürmt. Ausgerechnet jetzt wird an den Sicherheitsvorrichtungen gearbeitet, die Hochspannungsdrähte an der Mauer werden demontiert, sie sollen durch bessere ersetzt werden. An allen Ecken installiert man große Videokameras aus DDR-Produktion:

»Alexander sagte zu mir, dass wir ja jetzt eigentlich locker die Fliege machen könnten. Ehrlich gesagt, hatte ich auch schon daran gedacht. Aber ich hatte dem Anstaltsleiter mein Wort gegeben, dass ich keinen Fluchtversuch unternehmen würde. Denn eigentlich hätten wir seit der Entfernung des Elektrozauns gar nicht mehr im Garten spazieren dürfen. Herr Petrenko meinte aber, dass er mir vertrauen würde, und wenn ich trotzdem versuchen würde zu fliehen, dann würde das weitreichende Konsequenzen für ihn haben. Auch wenn er nun bald in Rente gehen würde.«

Was dann auch irgendwann im Winter 1988 geschieht. Seinen Job übernimmt Oberstleutnant Rastworow, sein Stellvertreter wird Oberstleutnant Burdjukow. *»Petrenko hatte sich damals nicht von mir verabschiedet. Rastworow ließ mich dann zu* *sich kommen, um mir mitzuteilen, dass er jetzt der Anstaltsleiter wäre. Petrenko sei im Ruhestand und würde mir für mein weiteres Leben die Daumen drücken.*

Nach dieser Nachricht war ich damals sehr traurig und fühlte mich, als ob ich einen guten Freund verloren hätte. Ich fragte natürlich, warum Petrenko einfach so verschwunden war. Rastworow meinte, dass ihm schwer ums Herz war und er es nicht fertiggebracht hätte, mir persönlich sein Gehen mitzuteilen.

Und dann erfuhr ich, dass es Petrenkos persönlicher Wunsch gewesen war, noch bis nach dem Prozess im Amt zu bleiben. Denn eigentlich hätte er schon im Spätsommer 1987 pensioniert werden sollen. Das Ministerium hatte damals seinem Wunsch entsprochen.«

Für Rust ändert sich nichts, das freundschaftliche Verhältnis bleibt erhalten. Es ist nun der stellvertretende Anstaltsleiter Burdjukow, der ihn einmal wöchentlich zu Tee und Keksen einlädt:

»Burdjukow wirkte immer wie ein Gentleman. Meist trug er einen gestreiften, grauen Anzug und immer ein Kupferarmband, das einen grünen Abdruck auf seinem Handgelenk hinterließ. Das Armband, erzählte er, sollte gegen seinen Bluthochdruck helfen.

Einmal sagte er, dass er eine Enkelin hätte, die, wie er meinte, sehr gut zu mir passen würde. Ich wurde rot und wusste gar nicht, was ich antworten sollte. Burdjukow lachte schallend und meinte, dass er in meinem Alter im Bezug auf die Mädels auch sehr schüchtern gewesen wäre.«

Auch das Verhältnis zu seinen Aufsehern entwickelt sich prächtig – es findet eine regelrechte Fraternisierung zwischen den beiden Gefangenen und ihren Bewachern statt:

»Die Zellentür wurde geöffnet, und die Aufseher leisteten uns Gesellschaft. Wir führten lockere Gespräche; sie boten uns Tee, Kaffee und Gebäck an, teilten mit uns ihren Proviant für die Schicht. Sie brachten selbstgemachte Piroschki mit, Suppen, Brot. Kaffee

war damals übrigens etwas ganz Besonderes, da er importiert wer-
den musste und daher sehr teuer war und nicht überall erhältlich.
    Einmal brachte ein Aufseher einen Kassettenrekorder mit, und
der spielte dann im Hintergrund russische Musik. Wir tanzten am
späten Abend, und Aleksandr sang mit den Aufsehern.
    Irgendwann war Schluss damit. Ein Offizier hatte Wind davon
bekommen und die beteiligten Bewacher abgemahnt. Von da an
hielten sich diese wieder auf Abstand. Das haben Aleksandr und ich
sehr bedauert, und die Aufseher auch. Der Anstaltsleiter hat dies-
bezüglich nie etwas gesagt, und auch ich habe nie etwas erwähnt.
Ein unausgesprochenes Geheimnis, das uns verband.«
    Aber es gibt auch andere freudige Ereignisse. Im Frühjahr
1988 wird das Gefängnis renoviert. Sämtliche Zellen, Flure und
Vernehmungszimmer werden neu gestrichen; bis zur halben
Höhe mintgrün, oben weiß. Alle Maler sind weiblich. Das, sagt
Aleksandr, sei in der Sowjetunion so üblich – wegen der miesen
Bezahlung. Der Umkleideraum der Malerinnen hat ein Fenster
zum Garten, in dem Mathias und Aleksandr mit ihrem Bewacher spazieren gehen dürfen. Eines Abends bietet sich ein für
Gefängnisinsassen sehr ungewöhnlicher Anblick:
    »Die Frauen zogen sich gerade um. Das Zimmer hell erleuchtet,
die Vorhänge zurückgezogen. Uneingeschränkte Sicht. Sämtliche
Frauen hatten sich bis auf den Slip entkleidet. Einige sogar voll-
ständig. Wir drei waren happy. Dann müssen sie uns aber irgend-
wie bemerkt haben, obwohl wir im Schatten standen und eigent-
lich unsichtbar waren. Es gab einen Aufschrei, und eine Frau mit
großen Brüsten zog hastig die Vorhänge zu.«

Trotz Sonderbehandlung und Verbrüderung ist Mathias Rust
im März 1988 physisch und mental an einem Tiefpunkt. Zweifel am Sinn seines Unterfangens machen ihm zu schaffen, Selbst-
mitleid nagt an seiner Moral. Warum hab ich das getan? Was hat
es bewirkt?
    Sein Zellengenosse Aleksandr bekommt seinen Prozess. Er

wird zu sieben Jahren Lagerhaft verurteilt, bleibt aber noch so lange im Lefortowo, bis man aus irgendeinem Arbeitslager einen anderen Gefangenen holt, der ebenfalls Englisch spricht. Es ist Jurij, wie Aleksandr wegen »Spekulationsgeschichten« verurteilt. Als kaufmännischer Leiter eines Leningrader Hotels hatte er begehrte Waren von ausländischen Touristen gekauft und mit Gewinn weiterveräußert.

Ansonsten ändert sich nicht viel. Die Zelle ist winzig: drei mal fünf Schritte, der Alltag bleibt eintönig. Rust fragt den Gefängnisleiter, ob es nicht etwas für ihn zu tun gebe. Und tatsächlich bekommt er einen kleinen Job: Ab September bis zu seiner Begnadigung darf er in seiner Zelle defekte Bücher aus der Gefängnisbibliothek reparieren.

Doch dann geschieht plötzlich Ungewöhnliches. Ein sowjetisches Kamerateam erscheint. Man will eine »Dokumentation« drehen. Die Zelle wird aufgehübscht und schick gemacht, eine gut gefüllte Obstschale malerisch postiert. Die Journalisten verraten ihm, dass es das erste Mal ist, dass hinter diesen Mauern Filmaufnahmen entstehen. Mathias und sein Mitinsasse kommen aus dem Staunen nicht heraus. Guck mal an, scherzt Rust, sieht ja jetzt aus wie im Junggesellenwohnheim!

»Ich meine, sie haben das gemacht, um das Image im Westen aufzupolieren. Das hab ich auch unterstützt, hab mir gesagt, das ist der ganzen Sache dienlich. Ich will ja eine Verbesserung, ich will ja, dass die Leute ein anderes Bild von der Sowjetunion bekommen, auch wenn es nicht so realistisch ist, aber trotzdem. Spielt ja keine Rolle, ist ja keine große Verkehrung der Tatsachen, sondern nur ein bisschen Make-up.«

Im Frühjahr 1988 trifft Valentin Falin die Eltern von Mathias Rust in Hamburg und versichert ihnen, wie sehr auch er »ihre baldige Vereinigung mit dem Sohn« herbeiwünsche: »Das einzige, womit die Eltern zu trösten waren, schien die Mitteilung zu sein, daß dem Sohn schonende Haftbedingungen gewährt würden, und die Hauptsache – die Zeit arbeitete für die

Freilassung ihres Mathias. Meine Belohnung war ein Usambara-veilchen.«[75]

Im Juni hat sich sein Zustand etwas gebessert. Seine Eltern dürfen ihn besuchen, zum fünften Mal inzwischen. Die Treffen werden immer länger und finden im geräumigen Amtszimmer des stellvertretenden Gefängnisdirektors statt. Man sitzt im vertrauten Kreis, die komplette Familie Rust, Burdjukow und der Dolmetscher, plaudert, lässt sich die Köstlichkeiten schmecken, die die Eltern mitgebracht haben, und trinkt Tee. Eine Art Freundeskreis, sagt Rust – und noch nach fünfundzwanzig Jahren leuchten seine Augen bei der Schilderung dieser lockeren Runden:

»*Als ich dem Konsul davon erzählt hab, sagte der, das ist unglaublich! Es hat ja immer wieder deutsche Staatsbürger gegeben, die in diesem Gefängnis waren, er weiß ja, wie restriktiv das war. Da gab es keine Gespräche, da gab es keinen Unterschied zu den anderen Häftlingen. Da wurde eiskalt gehandelt, und fertig war's. So was hat er vorher noch nie erlebt.*« Was seine vorzeitige Entlassung jedoch betrifft, auf die Rust so hofft, kann ihm der Konsul wenig Hoffnung machen.

Doch hinter den Kulissen gibt es Bewegung. Am 10. Juli 1988 hält Tschernjajew in seinem Tagebuch fest, dass Gorbatschow am Rande der Allunionskonferenz der KPdSU »aus irgendeinem Grunde« noch einmal auf Rust zu sprechen kam:

»M.S.: ›Was soll man mit ihm machen?‹ Ich habe mich gleich eingemischt: ›Er muss entlassen werden, sofort nach der Konferenz. Man muss Humanität demonstrieren. … Man darf dies jedoch nicht öffentlich zeitlich in der Nähe des Besuches von Kohl und Genscher machen.‹

M.S. entschied sich auch dafür: ›Lassen wir ihn frei.‹ Er beauftragte Boldin, dass er Tschebrikow anruft und dieser es vorbereitet. Die Konferenz ging zu Ende, aber ein Papier wurde darüber nicht verfasst. Gestern nach einem Treffen mit dem indischen Präsidenten im Katharinen-Saal habe ich gesagt:

›Michail Sergejewitsch, Sie fahren nach Polen, es wird sofort mit der Vorbereitung begonnen, aber bei mir liegen noch unerledigte Sachen.‹

Er: ›Wir gehen in das ZK, und dort werden wir uns unterhalten.‹« Gorbatschow läuft mit Tschernjajew zu Fuß durch das Kremlgelände.

»Wir gehen am Spasski-Turm vorbei, der gesamte Rote Platz gerät gleichsam in Bewegung. Ich sage zu ihm: ›Hier ist Rust gelandet. Erinnern Sie sich, Sie wollten das zu Ende bringen.‹ ›Ja, ja‹, sagt er, ›gut, dass du mich daran erinnerst. Wir gehen jetzt, und ich rufe an.‹ Und tatsächlich, als wir gegangen waren, rief er Schewardnadse an, Tschebrikow war im Urlaub, und er befahl ihm, ›heute noch‹ ein Papier vorzulegen.«[76]

Das war also, nach Tschernjajews Darstellung, am 9. Juli 1988. Am 30. Juli erinnert Genscher bei einem Abendessen in Schewardnadses Moskauer Stadtwohnung an »den jungen Mann vom Roten Platz«. Der sowjetische Außenminister antwortet, ohne Einzelheiten zu nennen, »die Angelegenheit gehe in Ordnung«.[77]

Genscher: »*Der Mensch steht immer vorn, auch wenn jemand etwas Unbesonnenes getan hat, er hat ja noch seine Rechte, und man will ihm helfen, versucht, ihn da herauszubekommen. Das ist ja auch gelungen. Nicht dadurch, dass man daraus eine große Propagandaangelegenheit macht, sondern, dass man das in einem vernünftigen Vieraugengespräch tut, wie ich das mit Schewardnadse getan habe. Und dann hat das ja auch geklappt. Als ich abreiste, wusste ich, er kommt raus.*«

Mythen

Wie so oft, wenn etwas Außergewöhnliches geschieht, etwas Undenkbares, Unvorhersehbares, ein Ereignis, das sich nicht ohne weiteres in die gewohnten Schemata einordnen lässt, schießen Spekulationen wie Pilze aus dem Boden, haben Verschwörungstheoretiker und Astrologen der verschiedensten Couleur Hochkonjunktur. Je größer, ungewöhnlicher und unerwarteter das Ereignis, desto wilder die Erklärungsversuche.

So auch im Falle des Kreml-Fluges von Mathias Rust. Noch heute sind sowjetische Generäle offensichtlich zutiefst davon überzeugt, dass es für das »Vorkommnis« Hintermänner mal dieser, mal jener Seite gab. Anders ist in ihren Augen die Sache nicht zu erklären.

Die Gewerkschaftszeitung »Trud« veröffentlicht zum 20. Jahrestag des Fluges einen Artikel von Jewgenij Kiritschenko, der in einem hämisch-abschätzenden Ton allerhand wilde Spekulationen verbreitet: »Die ganze Geschichte erinnert sehr an ein Spektakel, das nach einem sorgfältig durchdachten Szenario auf den Weg gebracht werden konnte, an welchem aller Wahrscheinlichkeit nach westliche Geheimdienste und etliche Einflussagenten, die in unsere Machtkreise eingeschleust wurden, Anteil haben.«[78]

Einflussagenten! Aber es kommt noch besser: General Pjotr

Deynekin erklärt: »Es gibt keinen Zweifel, dass das eine sorgfältig vorbereitete Provokation der westlichen Geheimdienste
war. Was das Wichtigste ist, sie wurde in Übereinstimmung
und im Einvernehmen mit einzelnen Personen aus der damaligen Führung der Sowjetunion getätigt. Auf diesen traurigen
Gedanken über den Verrat aus dem inneren Zirkel führt uns
die Tatsache, dass unmittelbar nach der Landung von Rust auf
dem Roten Platz eine nie dagewesene Säuberung des obersten
und sogar des mittleren Bestandes der Generalität einsetzte.«

Na, das ist ja mal ein logischer Schluss, den der General hier
zieht! Im Filminterview hat er noch einen weiteren schlagen-
den Beweis für seine Verschwörungstheorie parat:

*»Als Pilot, der sowohl auf schweren Maschinen als auch auf
Sportmaschinen geflogen ist, denke ich, dass dieser Flug, umso mehr
zu jener Zeit, sehr sorgfältig vorbereitet worden war. Und ich
zweifle nicht daran, dass Rust vielleicht zuvor schon mal nach
Moskau gebracht wurde und er zu Fuß jeden Backstein auf dem
Roten Platz abgelaufen ist. Denn ins Zentrum so einer riesigen
Stadt wie Moskau mit einem Umkreis von mehr als hundert Kilo-
metern zu fliegen, das Zentrum ausfindig zu machen, den Roten
Platz, und dort ungestraft eine Landung durchzuführen, das kann
man nur nach einem guten Training.«*

Igor Morosow, ein ehemaliger Oberst der Abwehr (und, wie
»Trud« glaubt erwähnen zu müssen, als würde das die Glaub-
würdigkeit seiner Aussage erhöhen, »Teilnehmer an Spezial-
operationen in Afghanistan«): »Ich bin der Meinung, dass es
eine glänzende Operation gewesen ist, die von westlichen Ge-
heimdiensten ausgearbeitet wurde. Nach zwanzig Jahren wird
klar, dass die Geheimdienste, das ist heute kein Geheimnis mehr,
unheimlich viele Vertreter aus dem engeren Umfeld von Gorbatschow zur Realisierung dieses grandiosen Projekts einbezie-
hen konnten, wobei sie mit hundertprozentiger Genauigkeit
die Reaktionen des Generalsekretärs des ZK der KPdSU vorher-
gesehen haben. Das Ziel jedoch war, die Streitkräfte der UdSSR

Кириченко Евгений

»НУ ЧТО, СБИВАТЬ БУДЕМ?«

№ 090, 26 Мая 2007г.

**В понедельник исполнится ровно 20 лет с того дня, как спортивный са-
молет, за штурвалом которого сидел немецкий летчик-любитель Матиас
Руст, беспрепятственно пересек советскую границу в районе Финского
залива, а спустя 6 часов, совершив два издевательских круга над Крем-
лем, плюхнулся на Васильевском спуске. Руст вылез из кабины, ожидая
триумфа. К нему подошел изумленный милиционер и, приложив руку к
козырьку, потребовал паспорт. Это было 28 мая 1987 года – в День по-
граничника, ставший днем позора советской системы ПВО.**

Самый распространенный миф того времени — миф о ненадежности и беспо-
лезности советской системы ПВО. Ни одна газета, даже »Красная звезда«, не
удержалась от того, чтобы побольнее лягнуть офицеров, »прошляпивших«
Руста.

На самом деле его самолет, не отвечавший на запрос »Свой – чужой«, был
сразу же обнаружен нашими радиолокационными средствами. Первым его
засек оператор РЛС рядовой Дильмагомбетов, о чем сразу же доложил дежурному по пункту управления роты капитану Осипову. Потом отметку от
»Цессны« Руста засек оператор другой станции, ефрейтор Шаргородский, и
сообщил оперативному дежурному, что наблюдает неопознанную цель. Од-
нако на вышестоящем КП выдачу информации »наверх« задержали минут на
пятнадцать, взяв тайм-аут, чтобы разобраться, кто летит: нарушитель грани-
цы или нарушитель режима полетов. Решали подполковник Карпец и майор
Черных, которых потом сделали виноватыми во всей этой истории – разжа-
ловали и осудили военным трибуналом на пять лет.

Verschwörungstheorien in der russischen Gewerkschaftszeitung »Trud«, die inzwischen auch
im Internet verbreitet werden.

zu enthaupten, die Position der Sowjetunion in der internationalen Arena bedeutend zu schwächen.

Glänzend war die Operation auch daher, da es ihnen gelungen ist, eine abgestimmte Interaktion zwischen vielen Einrichtungen durchzuführen, nicht nur was die Agenturen und das Flugwesen betraf, nicht nur, was die Marine der NATO betraf – außerdem haben ihre Spitzel-Anwerber es vermocht, viele Personen, darunter auch den Abenteurer Mathias Rust, zu finden, ihn in außerordentlich kurzer Zeit unter Extrembedingungen auszubilden und ihn auf diese Belastung und Stresssituation vorzubereiten.«

Wenn das kein starker Tobak ist!? Aber Morosow ist noch nicht fertig. Er fährt fort mit der bewährten Kombination von völlig aus der Luft (in diesem Falle im wörtlichen Sinne) gegriffener Behauptung und rhetorisch-suggestiver Fragestellung: »Es gibt Informationen, dass er in dem einen Jahr vor der Verletzung des Luftraumes viel in dem Bereich des Finnischen Meerbusens geflogen ist und sehr viele Übungsflüge über Skandinavien durchgeführt hat. Warum hat er das gemacht? Gab es am Himmel über Deutschland nicht genug Platz?«

Während Morosow vermutet, dass Gorbatschow von seinem »engeren Umfeld«, den »Einflussagenten«, manipuliert worden ist, geht die Armeezeitung »Roter Stern« noch einen Schritt weiter: »Ein Fernsehsender berichtete, dass Sergej Melnikow, am 28. Mai 1987 diensthabender General in der Zentrale der Luftabwehr, sich auf den ehemaligen Chef des KGB, Wladimir Krjutschkow, berufen hat, der angeblich zugegeben hätte, dass er diese Operation auf Anweisung Gorbatschows vorbereitet hat.«[79]

Nun ist es raus! Gorbatschow selber war's! Und seine Spion-Anwerber! Wer Generäle entlässt, dem ist offenbar alles zuzutrauen!

Dagegen ging es im Jahre 1987 kurz nach der Kreml-Landung, als alle Welt über die Motive Rusts rätselte, noch vergleichsweise harmlos zu. Die »Komsomolskaja Prawda« vermutet seinerzeit, dass Rust von »Entspannungsfeinden« nach Moskau geschickt worden sei, die »mit einem provozierten Abschuss der Sportmaschine die sowjetischen Abrüstungsbemühungen durchkreuzen« wollten. Die »Literaturnaja Gaseta« meint dagegen, sein Auftrag sei gewesen, »die Schaffung normaler nachbarlicher Beziehungen zwischen Bonn und Moskau zu stören«. Natürlich taucht immer wieder die Vermutung auf, dass Rust mit seinem Flug die Luftabwehr testen, ja sogar die »Route eines Marschflugkörpers durch den nördlichen Teil der Sowjetunion simulieren« sollte.

Der »Stern« gerät in Verdacht, nicht der Berichterstatter, sondern der Initiator der Reise gewesen zu sein. Thomas Osterkorn: *»Es gab grausigste Verschwörungstheorien, wir würden dahinterstecken, er sei ein Agent von uns. Das war natürlich alles Quatsch.«*

Die »taz« war auf diese seltsame Idee gekommen, die sie jedoch am nächsten Tag zurückzieht. Aber da hat die gierige Weltpresse schon zugeschlagen und weitergesponnen: »La Repubblica« druckt nach und »ergänzt«: »Der Flug des jungen Deutschen wurde zumindest teilweise von einer zweiten Cessna begleitet. An Bord des Flugzeugs war ein Redakteur des ›Stern‹.«[80] Sogar der sonst eher besonnene Außenamtssprecher Gerassimow fällt auf diese Falschmeldung herein.

Auslöser der Ente war wohl eine Zeichnung im »Stern« vom 3. Juni 1987, also fünf Tage nach dem Kreml-Flug, mit der Flugroute Rusts. Aber das war nur eine Hypothese, und die lautete, dass sich der Flieger an der schnurgeraden Eisenbahnlinie Leningrad–Moskau orientiert hätte. Tatsächlich nur eine Vermutung, wie sich später herausstellt.

»Trud« reitet allerdings noch zwanzig Jahre später dieses Pferd und raunt verschwörerisch: »Warum hat die westdeutsche Illustrierte ›Stern‹ ein Schema der Flugroute des deutschen Hobby-piloten veröffentlicht, die entlang der Eisenbahnlinie Lenin-grad–Moskau lag, obwohl Rust eine ganz andere Route flog, nämlich über sumpfiges, schwer zugängliches Gebiet. Die Trasse stimmt erstaunlicherweise unmittelbar mit der Flugroute von Flügelraketen (Marschflugkörpern) überein.«

Solche und ähnliche Behauptungen schaden Mathias Rust ganz erheblich, der zu diesem Zeitpunkt im Moskauer Lefor-towo-Gefängnis sitzt und verzweifelt versucht, seine misstrau-ischen KGB-Vernehmer, die das natürlich alles lesen, von der Lauterkeit seiner Motive zu überzeugen.

Ebenfalls in der bewährten Frageform, man will ja niemandem was unterstellen, orakelt die ansonsten eher seriöse sowjetische Nachrichtenagentur TASS, ob wohl Rusts Cessna bei seinem Zwischenaufenthalt in Island, immerhin ein NATO-Mitglied, umgebaut worden sei? »Hatte sie Tragflächen aus speziellem Kunststoffmaterial, das Radarstrahlen nicht erfassen können?«[81]

Die für ihre investigative Berichterstattung bekannte Boule-vard-Zeitschrift »Bunte«, mit ihrem 500 000-DM-Angebot ab-geschmettert, macht ihrem Namen alle Ehre und setzt gleich einen ganzen bunten Strauß von Falschmeldungen in die Welt: Rust hätte seinen spektakulären Flug unternommen, um einem Mädchen zu imponieren, weiß auch einen Namen zu nennen, es ist die Nachbarstochter in Wedel. Dumm nur, dass sie einen festen Freund hat, Rusts Interesse an ihr liegt zwei Jahre zu-rück.

Auch hätte Rust vor seinem Abflug den Tuttlinger Piloten Friedemann Späth angerufen – ein Mann, dessen Geschichte Jahre vorher durch die Presse ging, weil er Leute mit einer klei-nen Piper aus der DDR geschleust hatte –, um sich von ihm Ratschläge zu holen, wie man den Radarschirm unterfliegen kann.

Rust: »*Der hat behauptet, ich hätte ihn angerufen und hätte*

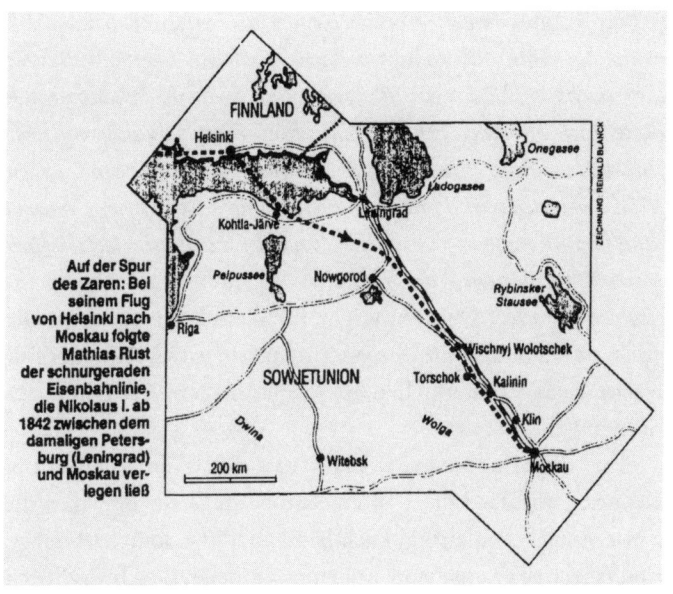

Auf der Spur des Zaren: Bei seinem Flug von Helsinki nach Moskau folgte Mathias Rust der schnurgeraden Eisenbahnlinie, die Nikolaus I. ab 1842 zwischen dem damaligen Petersburg (Leningrad) und Moskau verlegen ließ

So stellte der »Stern« in seiner Ausgabe vom 3. Juni 1987 die vermeintliche Flugroute dar. Danach wäre Mathias Rust parallel zur Eisenbahnstrecke Leningrad – Moskau geflogen, in Wirklichkeit bewegte er sich viel weiter westlich.

gefragt, wie ich am besten in die Sowjetunion einfliegen könne. Er hätte mir angeblich ein paar Tipps gegeben, und dann hätte er auch noch 'ne Wette mit mir abgeschlossen: Ich setze 10 000 DM darauf, dass du nicht ankommst.«

In Moskau allerdings werden solche Behauptungen begierig aufgegriffen, um Rusts Aussage vom Friedensflug in Frage zu stellen. *»Das haben die natürlich auch alles geglaubt. Ich sag, ich kenne den Mann überhaupt nicht und hab auch keine Wette mit ihm geschlossen! Und ein anderer hat in Helsinki behauptet, ich hätte mich mehrfach am Flugplatz Malmi mit jemandem getroffen, der ein Auto mit deutschem Kennzeichen fuhr. Ein Citroën soll das gewesen sein. Und dann meinten die, das wäre ein Verbindungsmann gewesen vom BND, und der hätte mir letztendlich Instruktionen erteilt – das hat auch ewig gedauert, bis ich das ausräumen konnte.«* Das Copyright für diese letzte Ente hat die »Bild am Sonntag«. Das Siegener Kennzeichen, das sich der finnische Zeuge gemerkt hat, ist jedoch keinem Citroën zuzuordnen.[82]

Aber die »Bunte« hat noch weitere Pfeile im Köcher: Ein Reporter legt das Lineal an die Landkarte, stellt fest, dass die Entfernung von Helsinki nach Moskau 850 Kilometer beträgt, und berechnet, ausgehend von einer mittleren Geschwindigkeit von zweihundertzwanzig Stundenkilometern, dass Rust anderthalb Stunden früher hätte landen müssen! Auch hätte er bei seinem Abflug in Helsinki ein grünes T-Shirt getragen, und ausgestiegen sei er in Moskau im knallroten Overall. Also, schließt der Enthüller messerscharf, muss Rust irgendwo auf dem flachen Lande zwischengelandet sein, um sich umzuziehen.

Oleg Argunow, der den militärischen Untersuchungsbericht in seiner nüchtern-trockenen Art für die Zeitschrift »Luft- und Raumverteidigung« auswertet, befasst sich auch mit diesen beiden Mythen:

»In Wirklichkeit war alles viel einfacher und prosaischer. Die Entfernung, die Mathias mit seiner Cessna zurückgelegt hatte, betrug 1220 Kilometer, mittlere Geschwindigkeit des Fluges, wenn man das unterschiedliche Höhenprofil berücksichtigt, 210 Stundenkilometer. Das ergibt 5 Stunden, 50 Minuten. Das stimmte überein mit den Materialien der objektiven Kontrolle.

Übrigens war nach der Landung in den Tanks von Mathias Rusts Flugzeug immer noch genug Sprit für zwei Flugstunden. Also hatte Mathias nicht etwa Treibstoff sparen müssen.

Mit der roten Kombination war es noch einfacher: Als er das Flugzeug in Helsinki zum Start vorbereitete, hatte Mathias befürchtet, den speziell für diesen Flug eingekauften roten Overall schmutzig zu machen, weshalb er sich etwas drüberzog. Den Flug hat er in der roten Kombination durchgeführt, denn er flog ja nach Moskau, nach seiner Meinung, als Abgesandter des Weltfriedens.«[83]

Der Verschwörungstheoretiker von »Trud« allerdings stürzt sich noch im Jahre 2007 auf die falsche Rechnung der »Bunten« und entwickelt daraus gleich mehrere Räuberpistolen. Die sind so göttlich, dass sie hier ausführlich zitiert werden sollen:

»Die Cessna hat sich entweder massiv von der vorgegebenen Route entfernt, unbekannt mit welchem Ziel, oder sie hat zwischendurch eine Landung auf russischem Territorium getätigt. Es ist nicht verwunderlich, dass neugierige Menschen, darunter auch der Korrespondent der deutschen Zeitschrift ›Die Bunte‹, M. Timm, … sich mit Fragen umtrieben, wo ist denn Rust gelandet und wie konnte sich Rust bei dieser Landung umziehen. Denn aus Helsinki, staunte der Journalist, flog Rust in Jeans und einer grünen Jacke ab. Nach der Landung in Moskau verließ er das Flugzeug aber in einem roten Kombianzug. In Helsinki jedoch, wie Timm behauptet, war auf dem Höhenruder nicht die Abbildung der Atombombe, die auf Hiroshima abgeworfen wurde, angebracht. Woher dieses Ding nach der Landung auf dem Roten Platz kam, weiß man nicht.

Für eine Zwischenlandung von Rust spräche auch die Tatsache, dass kurz nachdem die sowjetischen Abfangjäger den Verletzer des Luftraums umkreist haben, die Leute an den Radareinrichtungen eine Information bekommen hatten, dass sich das Ziel absenkt, so dass man es ungefähr um 15.32 Uhr von den Radarschirmen verlor. Aller Wahrscheinlichkeit nach hat sich die Cessna, nachdem sie die erste Begegnung mit den Abfangjägern hatte, entschlossen, nicht das Schicksal herauszufordern, sondern hat einen günstigen Landeplatz gefunden und ist zwischengelandet. In welchem Gebiet von Staraja Russ Rust eine solche erzwungene oder geplante Landung hätte tätigen können, ist unklar, denn in dem Gebiet gibt es über 50 Landemöglichkeiten und über 60 Plätze, die unterschiedlichsten Institutionen zuzurechnen sind. Keiner von diesen Landeplätzen hatte damals eine Verbindung zu den Organen, die die Einhaltung der Luftverkehrsvorschriften überprüfen.

Kurzum, sogar bei dem Wunsch, mit der richtigen Stelle zu telefonieren, hätten Augenzeugen der Landung das nicht tun können. Es war ein unheimlich idealer Ort, um einfach den Radars der sowjetischen Luftaufklärung zu entgehen. Und wenn Rust einen solchen Flugplatz zufällig gewählt hätte, dann wäre dieser Zufall mit einem Hauptgewinn in einer Lotterie zu vergleichen.

Und dennoch konnte dem deutschen Hobbyflieger eine Zwischenlandung möglich gewesen sein. Wenn man bedenkt, wie clever und mit welchem Höhenunterschied er flog und dass er auch den finnischen Abfangjägern entging, kann man schlussfolgern, dass Rust keine Angst vor den Abfangjägern hatte.

Er hat meisterhaft einen Absturz im Finnischen Meerbusen imitiert. Dann hat er unsere Grenze überschritten, und die finnischen Piloten, die aus der Luft einen regenbogenfarbenen Fleck auf den Wellen sahen, sind beruhigt auf ihre Basis zurückgekehrt.

Das ist ein weiteres Rätsel: Wie konnte dieser Ölfleck am Ort des angeblichen »Absturzes« von Rust auftauchen? Die technische Expertise, die später durchgeführt wurde, zeigte, dass ein solcher Fleck mit Kanistern oder abgeworfenen Tonnen im Meerbusen nicht hätte erzeugt werden können. Eine solche getarnte Hilfe für den deutschen Piloten konnten nur ein Unterseeboot oder eine Motorjacht realisieren!«

Das ist ja schon mal der Hammer! Aber es geht noch kruder: »Wenn sich die Geschichte so entwickelte, dann war der Flug der Friedenstaube, die auf dem Roten Platz landete, keinesfalls ein Dummerjungenstreich. Aller Wahrscheinlichkeit nach sind Rust und jene, die ihn vorbereitet haben, sehr gut über das System unserer Luftabwehr und der Radarkräfte informiert gewesen. Wiederum erscheint es sonderbar, wie sich einige Ereignisse häuften, und die Frage ist, wie man die Flugroute des Grenzverletzers erklären kann, denn er überflog gerade das Gebiet, wo am Vortag eine MiG-25 und ein Bomber vom Typ Tu-22 M eine Havarie hatten. In der Zone des wahrscheinlichen Absturzes dieser Flugzeuge fanden Rettungsarbeiten statt, deshalb flogen etliche Hubschrauber herum. Es ist völlig klar, dass in diesem Durcheinander es durchaus nahelag, diesen Luftraumverletzer durchzulassen, denn keiner wusste genau, zu welchem Flugobjekt dieser Radarpunkt gehört. Außerdem flog Rust in seinem Flugzeug in einer geringen Höhe und Fluggeschwindigkeit, vergleichbar der Flughöhe und -geschwindigkeit der Hubschrauber, die genau in dieser Gegend unterwegs waren.

Ferner außergewöhnlich ist, dass es gleichzeitig sechs unerkannte Flugobjekte im Raum Ostaschkowo, Kufschinowo und Selischtsche gab. Das diensthabende System der Luftabwehr bemerkte auf seinen Radarschirmen mehrere Punkte und versuchte um 16.39 Uhr, diese als Ziele zu lokalisieren. Das dauerte ungefähr eine halbe Stunde, denn nachdem man festgestellt hat, dass sich die Ziele mit einem Kurs und einer Geschwindigkeit bewegen, die der des Windes entspricht, hat man aufgehört, sie weiter zu verfolgen, und hat das auf dem Radarschirm für Reflexe von Wolken gehalten.

Der Leiter der Radarkräfte, Oberst A. Rudack, der nach diesen Ereignissen vom neuen Verteidigungsminister der UdSSR, Dmitrij Jasow, abgesetzt wurde, obwohl er sich am 28. Mai in Urlaub befand, ist nach wie vor der Auffassung, dass es sich bei den Objekten auf den Radarschirmen nicht um Wolken, sondern um Gasballons gehandelt hat, die von irgendjemandem im Gebiet des Seligersees in die Luft gelassen wurden. Nach Auffassung des Offiziers ähnelten die Abbildungen auf den Radarschirmen gerade denen solcher Ballons. Und die Häufung der Ballons spricht ebenfalls dafür, dass sie von einem Ort in die Luft geschickt wurden. Warum die Ballons ausgerechnet in der Zone dieses Bataillons auftauchten, als die Cessna dort drüberflog, ist ein Rätsel. Ein Operateur am Radar hätte Rusts Flugzeug zwischen den vielen Punkten sehr schnell verlieren können, die sich ja in der gleichen Windrichtung bewegten wie die Cessna.

Später stellte sich heraus, dass sich im Gebiet des Seligersees am 28. Mai eine Gruppe von westdeutschen Touristen aufhielt, und, wie kundige Leute behaupten, ist nichts leichter als solche Ballons zu starten, man braucht dazu nur ein Gasfeuerzeug.«[84]

Man braucht nur ein Gasfeuerzeug! Das ist ja nun an Komik kaum noch zu überbieten, und man fragt sich einen Moment, ob dieser Artikel nicht vielleicht als Satire verstanden werden will. Dagegen jedoch spricht der eifernde Ton. Das ist tatsächlich ernst gemeint. Aber die Sache ist so: Wenn es wirklich jemand schaffen sollte, einen Ballon mit einem Gasfeuerzeug aufzublasen, so würde der vielleicht alles Mögliche tun, nur nicht fliegen. Jedenfalls nicht von allein. Denn Gasfeuerzeuge sind mit Propan oder Butan gefüllt. Diese Gase sind schwerer als Luft. Auftrieb aber heißt leichter als Luft, und das sind Helium und Wasserstoff vor allem. Diese Gase finden aber aus gutem Grund nicht in Feuerzeugen Verwendung. Helium brennt

gar nicht und Wasserstoff, auch Knallgas genannt, explosions-
artig.

»Die Spezialisten schließen nicht aus, dass zum Zeitpunkt des
Überflugs von Rust diese Ballons gestartet wurden, um die In-
formationskanäle der Luftabwehr zu überlasten und zu stören.
Eine solche Taktik wurde sehr oft in den nördlichen und nord-
östlichen Richtungen von unseren skandinavischen Nachbarn
praktiziert. Aber man ging aus unbekannten Gründen nicht darauf ein, diese Expertise zu prüfen.« Oder weil's Blödsinn ist.

Um die These von Rusts »vielen Übungsflügen über Skandinavien« zu stützen, schreckt »Trud«-Autor Kiritschenko auch
nicht vor einem saftigen »Übersetzungsfehler« zurück. Die schon
zitierte »Bild am Sonntag« berichtet am 7. Juni von Zeugen, die
Mathias Rust in Helsinki angeblich »mit einer dunkelhaarigen
jungen Frau *Anfang 20*« gesehen hatten. Kiritschenko macht
daraus: »Entgegen den Aussagen von Rust, dass er in Helsinki
völlig allein war und sich mit niemand getroffen hat, teilt ›Bild
am Sonntag‹ mit, dass nach Augenzeugen Mathias Rust in Helsinki mit einer dunkelhaarigen jungen Frau *am 20. Mai* gesehen worden ist.« Danach hätte er also mindestens eine Woche
Zeit gehabt für seine »Übungsflüge«.

Und die »Nowaja Gaseta« (Neue Zeitung) hat, mit nur fünf-
zehnjähriger Verspätung, auch noch was zu enthüllen. Nachdem sie den Quatsch aus der »Bunten« wiederholt hat, kommt
sie zu ihrer eigenen investigativen Überraschung: Die Landung
auf dem Roten Platz war ein Werbegag!

»Der Flug machte nicht nur Mathias Rust berühmt, sondern
auch sein Flugzeug. Der Hintergrund des Fluges ist Werbung.
Der Vater von Mathias, Dieter Rust, arbeitete als Händler bei
›Cessna‹ in Westeuropa. Bis Mitte der achtziger Jahre war der
Verkauf von Flugzeugen des Unternehmens stark zurückgegan-
gen. Um das Interesse an der Marke zu erhöhen, war eine spektakuläre Werbekampagne notwendig: das einzige Flugzeug, dem
die Überwindung des unpassierbaren sowjetischen Luftabwehr-

Systems gelang! Wer würde das Unternehmen nicht um eine solche Werbung beneiden?«[85]

Nicht schlecht! Nur, dass der Vater von Mathias Rust Karl-Heinz heißt und als Ingenieur bei AEG mit Flugzeugen rein gar nichts zu tun hat. Aber das ist ja wohl eher ein zu vernachlässigender Aspekt.

Begnadigung

Die Freiheit kommt ohne jede Vorwarnung. An einem Mittwoch, es ist der 3. August 1988, Mathias Rust sitzt seit vierzehn Monaten im Lefortowo-Gefängnis, öffnet sich nachmittags die Zelle, und ihm wird sein Anzug hereingereicht. Rust wundert sich, den Anzug bekommt er immer nur zu besonderen Anlässen, wenn der Konsul ihn besuchen kommt oder seine Eltern. Aber der Konsul war erst vor einer Woche da, und die Eltern sind für Ende August avisiert. In diesem Moment muss Rust schon etwas geahnt haben. Er fragt seinen Zellenkameraden Jurij: »Weißt du, was das jetzt soll?«

»Das ist ja wohl klar, du kommst jetzt frei!«

»Das glaube ich nicht.«

»Oder meinst du, dass du im Anzug ins Arbeitslager gebracht wirst?«

Nichts hatte diese Wendung für Rust angedeutet, es gab keine Vorzeichen. Am Vormittag hatte er sich die Haare noch ordentlich kurz schneiden lassen, damit sie eine schöne Länge haben, wenn seine Eltern ihn besuchen.

Er wird wieder einmal ins Arbeitszimmer des Anstaltsleiters gebracht. Aber diesmal ist es keine gemütliche Kaffeerunde, sondern der Raum ist voller Menschen: der stellvertretende Generalstaatsanwalt, der Untersuchungsrichter, die Dolmetscherin und einige Leute, die er nicht kennt und die sich als sowjetische Journalisten vorstellen. Kameras und Scheinwerfer sind aufgebaut.

Und dann, nachdem er sich hingesetzt hat, sagt die Dolmetscherin: »Heute ist ein ganz besonderer Tag für dich. Du bist begnadigt worden!« Dieser Satz hat sich in sein Gedächtnis eingebrannt, den wird Rust nie vergessen: *»Ich konnte es gar nicht glauben, von einem Moment zum nächsten! Dieses Gefühl kann man nicht in Worte fassen. Es war, als ob man aus einer schier unendlich traurigen Situation befreit wird, das ganze Gewicht von den Schultern fällt und man plötzlich wieder federleicht ist.«*

Das Begnadigungsschreiben wird ihm in feierlicher Form vorgelesen, er muss es gegenzeichnen, ein eigenes Exemplar bekommt er nicht. Dann ist der offizielle Teil auch schon vorbei. Alle schütteln ihm die Hand, beglückwünschen ihn zu seiner Freiheit. Die Atmosphäre ist freundschaftlich entspannt, er solle seine »Arbeit für den Frieden« in der Heimat fortsetzen, aber bitte nicht wieder illegal einreisen. Der Staatsanwalt, nun ganz privat – die Kameras sind längst abgeschaltet: »Du bist jederzeit herzlich willkommen bei uns in der Sowjetunion.«[86]

Es muss jetzt holterdiepolter gehen. Innerhalb von zwei Stunden Sachen zusammenpacken, rein in den Transporter und in wilder Fahrt direkt zum Flughafen Scheremetjewo. Sie werden von Journalisten verfolgt, irgendwie hat sich die Begnadigung des berühmten Häftlings rumgesprochen. Die Verfolger werden abgeschüttelt.

Nachdem Gorbatschow seinem Außenminister Anfang Juli grünes Licht gegeben hatte, war hinter den Kulissen einiges in Bewegung geraten. Ende Juli ist Hans-Dietrich Genscher in Moskau. Gorbatschow verschiebt die Abfahrt in sein Urlaubsdomizil um einen Tag, um am Samstag, es ist der 30. Juli, mit Genscher zwei Stunden zu reden – das Thema Rust spielt hier keine direkte Rolle, hängt aber natürlich in der Luft. Danach trifft sich Genscher mit Schewardnadse zum Abendessen und erinnert an »den jungen Mann vom Roten Platz«. Einen Tag später verabschiedet der sowjetische Außenminister seinen deutschen Amtskollegen am Flughafen mit der Versicherung, dass das Präsidium des Obersten Sowjets »sehr schnell eine Entscheidung treffen« werde. Drei Tage später, also am Morgen des 3. August, informiert das Moskauer Außenministerium die Deutsche Botschaft, dass eine Entscheidung des Präsidiums des Obersten Sowjets zu erwarten sei. Gromyko ist dessen Vorsitzender und somit der Staatspräsident. Begnadigungen sind seine Aufgabe. Er erledigt das per Telefon von der Krim aus, wo er gerade in der Nähe von Jalta, in einer Zaren-Villa in Massandra am Schwarzen Meer, mit US-Verteidigungsminister Frank Carlucci über weitere Abrüstungsschritte konferiert, begleitet von Armeegeneral Jasow, dem Aufsteiger infolge der Rust-Affäre.

Gromyko verfügt, Rust den Rest der Strafe zu erlassen und ihn aus der Sowjetunion auszuweisen. Um 15.45 Uhr erfährt es der betroffene Häftling und gleich danach auch Bonns Botschafter Andreas Meyer-Landrut.

Der »Spiegel« zitiert in diesem Zusammenhang Jurij Puschkin, den Ersten Botschaftssekretär in Bonn, der darauf verweist, dass dies »weder eine Begnadigung noch gar ein nachträglicher Freispruch« sei. Mathias Rust habe sich nicht nur nach sowjetischen Gesetzen schuldig gemacht, sondern auch nach bundesdeutschen, denn die Gefährdung des Luftraums stehe auch hier unter Strafe.

Puschkin sieht in dem Beschluss neben der humanitären Dimension auch eine politische: »Der Erlass der Reststrafe sollte als ein Akt des guten Willens betrachtet werden, der sich günstig auf eine weitere gedeihliche Zusammenarbeit unserer beiden Länder auswirken kann.«[87]

Rusts Freilassung ist in der Tat das Signal für den bevorstehenden Durchbruch in den Beziehungen der Sowjetunion zur Bundesrepublik Deutschland!

Folgen

Jewgenij Kiritschenko zieht in der Gewerkschaftszeitung »Trud« aus Anlass der zwanzigsten Wiederkehr des Kreml-Fluges von Mathias Rust in seinem schon zitierten Artikel eine bittere Bilanz:

»In der Tat hat dieses Rowdytum von Rust zu Rücktritten und Absetzungen der höchsten Armeeränge geführt und Michail Gorbatschow das Argument in die Hand gegeben, zu einer radikalen Reduzierung der Streitkräfte zu schreiten. Darauf folgten die Zerschlagung des Warschauer Paktes, der Sturz der kommunistischen Regime in den Staaten Osteuropas und der Abzug der sowjetischen Truppen aus Afghanistan.«[88]

Nachdem er diese Kausalkette geschmiedet hat, listet er zu Punkt eins die herben Verluste auf: »Unter den Abgesetzten waren der Verteidigungsminister, alle seine Stellvertreter, der Chef des Generalstabes und dessen zwei erste Stellvertreter, der Oberbefehlshaber des Warschauer Paktes, der Stabschef des Warschauer Paktes, alle vier Oberkommandierenden der Streitkräfte in Deutschland, Polen, der Tschechoslowakei und Ungarn, alle Kommandierenden der Flotte und alle Kommandierenden der Militärbezirke.«

Diese Aufräumaktion ist gewiss die sichtbarste und deutlichste Auswirkung des Kreml-Fluges des Mathias Rust, den

György Dalos in seiner Gorbatschow-Biografie so treffend als »Geschenk des Himmels« bezeichnet.[89] Natürlich für den sowjetischen Generalsekretär.

Der hier auch schon mehrfach zitierte sowjetische Militärwissenschaftler Oberst Oleg Argunow beschreibt, was das zum Beispiel für die Luftabwehr bedeutete:

»An die Führung der bewaffneten Kräfte der Luftverteidigung kamen nun Leute, die längst nicht die Qualitäten der abgesetzten Marschälle und Generale erreichten. Nach Meinung vieler Experten begann der Niedergang der Luftstreitkräfte der UdSSR nach dem Flug von Rust.«[90]

Während seiner Untersuchungshaft hatte ihn einer der Untersuchungsrichter gefragt, was er denn davon halte, dass Gorbatschow »seinetwegen« so viele ranghohe Offiziere aus dem Dienst entfernt habe. Rust antwortet ihm, dass es sehr bedauerlich für die Offiziere sei, die entlassen wurden. Aber er finde, dass das für die Idee des Friedens von Nutzen und notwendig sei. *»Das war ja auch mein Ziel. Es sollten jene Leute Auftrieb bekommen, die sich für den Frieden einsetzen, und jene, die bremsten, eben entfernt werden.«*

Selbst für die DDR und die anderen Länder des Warschauer Paktes hat der Flug von Rust Auswirkungen, wie der Militärhistoriker Julian-André Finke darlegt:

»Angesichts dieses Skandals [der Kreml-Flug] ist es nicht verwunderlich, dass nicht nur dem Luftverteidigungssystem der Sowjetunion, sondern auch dem der DDR vermehrte Aufmerksamkeit zuteil wurde. So integrierte die NVA [Nationale Volksarmee] Anfang August 1987 zwei weitere Kampfhubschrauber in das DHS [Diensthabende System] und führte in dessen Rahmen bereits seit 27. Juli desselben Jahres regelmäßige Patrouillenflüge an der Staatsgrenze zur Bundesrepublik durch. (…) Es war nicht zuletzt der ›Fall Rust‹, der teilweise erheblichen Verbesserungsbedarf in der Organisation des Luftverteidigungssystems aufzeigte. Im Gegensatz zum DHS der Sowjetunion betraf dies in der DDR vor allem das Zusammenwirken des Kommandos LSK/LV [Luftstreitkräfte/Luftverteidigung] mit der GSSD [Gruppe der Sowjetischen Streitkräfte in Deutschland] und der Luftverteidigung der benachbarten sozialistischen Staaten.[91]

Aber das Militär ist nicht nur Bremser von Gorbatschows Friedenspolitik, sondern auch und vor allen Dingen mit seinen exorbitanten Kosten ein Klotz am Bein der sowjetischen Wirtschaft. Auf der Politbürositzung vom 3. November 1988, über ein Jahr nach dem Flug von Rust, ist Gorbatschow auf diesem Gebiet immer noch kein entscheidender Durchbruch gelungen. »Ernsthaft und stark erregt«, so vermerkt es Tschernjajew, geht er das heikle Thema an: »Wir lösen die Aufgaben der Perestroika nicht, wenn wir mit der Armee alles beim Alten belassen: Die besten wissenschaftlich-technischen Kräfte, die besten Produktionsfonds, die beste störungsfreie Versorgung. (…) Wozu brauchen wir eine so große Armee?! Sechs Millionen Menschen!«[92]

Der BND verfolgt die Entwicklung in der Sowjetunion mit großem Interesse. Hans-Georg Wieck: »*Es gab bei uns durchaus unterschiedliche Beurteilungen, aber dominant war diejenige, die in dem Versuch Gorbatschows, Reformen durchzuführen, eine strategische Entscheidung sah, die darauf abzielt, die Sowjetunion in eine Balance mit den Vereinigten Staaten auf der Basis geringerer Verteidigungsaufwendungen zu bringen, und die gleichzeitig die Möglichkeit eröffnen sollte, die stagnierende sowjetische Wirtschaft durch Zusammenarbeit mit westlichen Industrieländern, vor allen Dingen der Bundesrepublik Deutschland, zu modernisieren.*

Es war ja nicht anders zu handeln, er stand ja mit dem Rücken zur Wand. Die Sowjetunion befand sich in einer Phase der Stagnation, sowohl ideologisch als auch wirtschaftlich. Sie konnte den Rüstungswettlauf, den sie mit angezettelt hatte, nicht durchhalten ohne der Bevölkerung weitere Lasten aufzuerlegen, und sie konnte nicht den Lebensstandard der Bevölkerung fördern und verbessern

und gleichzeitig die Rüstung auf dem hohen Niveau halten, auf
dem sie sich befand.«

Zu Beginn der Perestroika hat die Sowjetunion über zwanzig
Milliarden Dollar Schulden beim Internationalen Währungs-
fonds, ein Jahr später sind es schon dreißig Milliarden. Der Preis
für Erdöl, Haupteinnahmequelle der Sowjetunion, ist im Keller.
Ein großer Teil der Öleinnahmen geht für Getreideimporte
drauf – ein Drittel des Bedarfs muss eingeführt werden, und
das in einem Land, das früher Getreide exportierte. Das Riesen-
reich lebt über seine Verhältnisse. »25 Millionen Menschen«, so
Gorbatschow, leben »unterhalb des Niveaus, das wir offiziell
zum Existenzminimum erklärt haben.«[93]

Was die angebliche »Zerschlagung des Warschauer Paktes« betrifft, sind es sowohl ökonomische als auch politische Gründe,
die Gorbatschow zum Handeln zwingen. Als Rust 1987 im
Zentrum Moskaus landet, ist die neue Militärdoktrin längst beschlossene Sache und den Führern der Warschauer Vertragsstaa-
ten auch schon verkündet worden, also keine Folge des Kreml-
Fluges. Nach den Beisetzungsfeierlichkeiten für Tschernenko im
März 1985 hatte sich Gorbatschow mit den Ostblockführern
getroffen. Er berichtet davon in seinen »Erinnerungen«:

»Aus verständlichen Gründen blieb uns für unsere Zusam-
menkunft nur wenig Zeit. Dafür waren die Folgen dieses Tref-
fens um so weitreichender. Einleitend sagte ich, wir sprächen
uns für gleichberechtigte Beziehungen aus, für die Achtung der
Souveränität und der Unabhängigkeit eines jeden Landes ...
Das Bekenntnis zu diesen Grundsätzen hieße aber zugleich, daß
jede Partei die volle Verantwortung für die Lage in ihrem Land
übernähme.

Meine Gesprächspartner stimmten mir ohne Zögern zu.
Gleichwohl hatte ich den Eindruck, daß sie meine Worte nicht
ernst genug nahmen; ähnliches war schließlich auch früher oft
erklärt worden ... Und so werden sie sich wohl gedacht haben:

Wir wollen sehen. Tatsächlich aber bedeutete die Erklärung … eine Wende in unseren Beziehungen und die Aufgabe der sogenannten Breschnew-Doktrin, die zwar niemals offiziell verkündet worden war, in der Praxis jedoch die Politik der UdSSR gegenüber verbündeten Ländern lange Zeit bestimmt hatte.«[94]

Ein Jahr später haben sich die Beziehungen zu den sozialistischen Staatenlenkern verändert:

»Seit vielen Jahrzehnten einer Autorität verbunden, womit sie sich von außen gestützt wußten, waren sie mit der Zeit auf den Geschmack unkontrollierbarer Macht gekommen und nahmen unsere Absichten zunächst nicht ernst. Ihre Haltung zeigte höfliche Neugierde, ja sogar herablassende Ironie: Nicht zum ersten Mal begann ein sowjetischer Führer seine Arbeit mit der Kritik seiner Vorgänger; und dann blieb alles beim Alten. Erst als klar wurde, daß diese sowjetische Reform ernst gemeint war, bekundete man Ablehnung, besonders in Hinblick auf die Demokratisierung und die neue Offenheit, Glasnost.

Hier allerdings entstand eine peinliche Situation, … denn die offizielle Propaganda der ›Bruderparteien‹ basierte ja bis dahin auf der These von der führenden Rolle der KPdSU. (…) Mit sowjetischen Panzern zum Erhalt der politischen Macht war nicht mehr zu rechnen. Plötzlich standen die sozialistischen Staatschefs ihrem Volk von Angesicht zu Angesicht gegenüber, gezwungen, die Berechtigung ihres Machtanspruchs durch Leistungen unter Beweis zu stellen.«[95]

Die Nichteinmischung in die inneren Angelegenheiten bedeutet nicht mehr und nicht weniger als den Anfang von Ende. Gorbatschow weiß, dass seine Vasallenstaaten auf tönernen Füßen stehen, wenn er nicht mehr bereit ist, seine Panzer für deren Erhalt einzusetzen. Todor Schiwkow, der bulgarische KP-Generalsekretär, spricht es im Januar 1987 aus: »Chruschtschow hat mit seinen Reformen das Jahr 1956 in Ungarn provoziert. Und jetzt destabilisiert Gorbatschow die gesamte sozialistische Staatengemeinschaft.«[96]

Dabei hat Letzterer nicht etwa die Vernichtung der »Bruder-länder« im Sinn. Neben den politischen Erwägungen ist es vor allem ein handfester Grund, der seine neue Politik diktiert: die Ökonomie. Die Sowjetunion hat große wirtschaftliche Sorgen und kann es sich einfach nicht länger leisten, die halbe Welt zu alimentieren, während die Versorgungsprobleme im eigenen Land immer gravierender werden. »Sie handeln nach dem Prinzip von Ostap Bender«, donnert der belesene Gensek im September 1986, »die Ideen sind unsere, das Benzin kommt von euch.«[97] Und stellt lakonisch fest, dass, im Unterschied zum Beispiel zu den Bulgaren, wenigstens die Deutschen (aus der DDR) bereit seien, auf paritätischer Grundlage zu arbeiten und nicht nach dem »Schmarotzerprinzip«.[98]

»Die früheren Formen der Zusammenarbeit hatten sich erschöpft. Das alte Modell der Wirtschaftsbeziehungen, bei dem unsere Verbündeten vorwiegend sowjetische Rohstoffe bezogen, während wir von ihnen Fertigerzeugnisse erhielten, funktionierte nicht mehr.«[99] Als Gorbatschow 1985 antrat, hatten die Mitgliedstaaten des Warschauer Paktes achtzig Milliarden Rubel Schulden bei der UdSSR.

Es sind nicht nur die Bruderländer, die die Sowjetunion aussaugen, da sind ja auch noch die Entwicklungsländer mit sozialistischer Orientierung: »Es gibt keinen Staat in der Welt, der so viel je Kopf der Bevölkerung aufwendet [für Militärzwecke]. Und die ›schwach entwickelten‹ versorgen wir mit Waffen und erhalten dafür im Austausch nichts.«[100]

Dahinter steht, dass die Sowjetunion seit vielen Jahren Länder der »Dritten Welt« oder linksgerichtete Guerilla-Gruppierungen aus ideologischen Gründen unterstützt, um westlichen Einfluss zurückzudrängen, den sozialistischen Bereich auszudehnen und der »Weltrevolution« zum Siege zu verhelfen. »So kosteten den sowjetischen Steuerzahler der Krieg in Angola allein von 1975 bis 1979 zwei Milliarden Dollar, der in Mosambik

800 Millionen Dollar, die militärische Unterstützung der ›sozialistischen‹ Diktatur in Äthiopien von 1977 bis 1979 2,8 Milliarden Dollar, die Hilfe für die Sandinisten in Nicaragua zwischen 1980 und 1990 eine Milliarde Dollar und so weiter. Dazu kamen noch die Kosten für den Aufenthalt der Hilfstruppen und Militärberater in diesen fernen Regionen.«[101]

Die Schulden der Entwicklungsländer, schreibt Dalos, hätten sich mit den Jahren auf »etwa hundert Milliarden Dollar« summiert.[102] »Im Februar 1990 veröffentlichte der Ministerrat der UdSSR eine Aufstellung, der zu entnehmen ist, dass die Sowjetunion zum 1. 11. 1989 allein für Militärhilfen noch Zahlungsausstände von 85,5 Milliarden Rubel hatte. Die Schuldner waren jeweils zur Hälfte die sozialistischen Länder und ›Entwicklungsländer‹ wie Angola, Kambodscha, Afghanistan und Äthiopien.«[103]

Schewardnadse fordert 1988 ein Umdenken: Erforderlich sei die »Ökonomisierung der sowjetischen Außenpolitik ... nach den Prinzipien von Gewinn und Verlust«. Häufig seien »gewaltige materielle Investitionen in hoffnungslose außenpolitische Projekte« geflossen. Wie die sowjetischen Bürger darüber denken, zeigt die Zuschrift einer Lehrerin an die Zeitschrift »Sozialistische Industrie«: »Ist es nötig, jedem zu helfen?« Sie wirft damit die Frage nach dem Sinn der »internationalistischen Hilfe« auf, wenn es der eigenen Bevölkerung immer schlechter gehe. Das große Echo auf diese Zuschrift beweist, dass die Frau dem Volk aus dem Herzen spricht.[104]

Auch die sogenannte kommunistische Weltbewegung wird finanziell unterstützt. Jährlich gehen zwanzig Millionen harte Dollar an die westlichen Kommunistischen Parteien, oft als Barzahlung im Geldkoffer. Und das ohne ersichtlichen Nutzen – der Einfluss dieser Parteien auf die Politik ihrer Länder ist marginal.

Während sich noch ein gewisser Zusammenhang zwischen Rusts Kreml-Flug und den dadurch ausgelösten massiven Säuberungen in der Armee mit den angestrebten bzw. eingeleiteten Sparmaßnahmen erkennen lässt, ist ein Zusammenhang mit dem »Abzug der sowjetischen Truppen aus Afghanistan« nicht direkt zu belegen.

Schon in der Politbürositzung vom 13. November 1986 zum Thema »Über weitere Maßnahmen in Afghanistan«, also ein halbes Jahr vor dem Kreml-Flug, war der Abzug beschlossene Sache:

»Gorbatschow: In Afghanistan kämpfen wir schon sechs Jahre. Wenn wir unsere Einstellung nicht ändern, werden wir noch 20 bis 30 Jahre lang weiterkämpfen. Das würde ein schlechtes Bild auf unsere Fähigkeit werfen, den Verlauf der Ereignisse zu beeinflussen. Wir müssen auch unseren Soldaten sagen, daß wir in diesem Krieg wenig gelernt haben. Besitzen wir etwa keinen Handlungsspielraum, um dem Generalstab eine Kehrtwendung zu ermöglichen? Überhaupt haben wir den Schlüssel zur Lösung dieses Problems nicht gefunden. Wollen wir vielleicht ewig weiterkämpfen und damit eingestehen, daß unsere Armee mit der Situation nicht fertig wird? Wir müssen diesen Prozeß schnellstens abschließen.

Schewardnadse: Jetzt ernten wir die Früchte unserer voreiligen früheren Beschlüsse ...

Achromejew: Wir haben den Kampf um das afghanische Volk verloren. (...)

Gorbatschow: Wir müssen aktiver handeln und zu zwei Fragen klar Stellung nehmen. Erstens müssen wir innerhalb von zwei Jahren unsere Truppen aus Afghanistan abziehen. 1987 müssen 50 Prozent der Truppen abgezogen werden, im folgenden Jahr weitere 50 Prozent.

Zweitens müssen wir die soziale Basis der Regimes unter Berücksichtigung der Verteilung der politischen Kräfte erweitern. (...) Die Hauptsache ist, daß die Amerikaner nicht nach Pakistan kommen. Doch ich denke, daß die USA in Afghanistan nicht militärisch eingreifen werden.«[105]

Im Protokoll dieser Politbürositzung wird deutlich, dass es weder von den Militärs noch vom Geheimdienst Widerstand gegen den Truppenabzug gibt. Der KGB-Chef Tschebrikow macht sich für eine politische Lösung stark. »Bei der Umsetzung der politischen Option, den Krieg in Afghanistan zu beenden, spielten die Militärs … eine deutlich geringere Rolle als im Entscheidungsprozeß zum Truppeneinmarsch.«[106]

Wie es überhaupt zu dem Einmarsch in Afghanistan im Dezember 1979 kam, ist nicht mit letzter Klarheit nachzuvollziehen. Noch auf der Politbürositzung am 18. März des gleichen Jahres hatte der damalige KGB-Chef gewarnt:

»Andropow: Für uns ist vollkommen klar, daß Afghanistan nicht vorbereitet ist, um alle Fragen auf sozialistische Weise zu klären. Die Religion hat dort einen übermächtigen Einfluß, in der Landbevölkerung herrscht fast völliges Analphabetentum, und die Wirtschaft ist sehr rückständig. Wir kennen Lenins Lehre über die revolutionäre Situation. Von welcher revolutionären Situation kann hier die Rede sein? Es gibt keine derartige. Daher glaube ich, daß wir eine Revolution nur mit Hilfe unserer Bajonette durchsetzen können, aber das ist für uns völlig unzulässig. Ein solches Risiko können wir nicht eingehen.

Gromyko: Ich unterstütze voll den Vorschlag des Genossen Andropow, einen solchen Schritt wie den Einmarsch unserer Truppen in Afghanistan auszuschließen. Die Armee ist unzuverlässig, und unsere Armee, die in Afghanistan einmarschiert, wird so zum Aggressor. (…) Und alles, was wir in den letzten Jahren so mühevoll in Sinne der internationalen Entspannung, der Abrüstung usw. bewirkten, wird zurückgeworfen werden.«[107]

Wer hat also den Einmarsch organisiert? Nach Ansicht von Tschernjajew können es nur diejenigen gewesen sein, die Zugang zu dem schwerkranken, arbeits- und handlungsunfähigen, von »Altersschwachsinn« gezeichneten Breschnew hatten, allen voran Verteidigungsminister Ustinow, womöglich auch Außenminister Gromyko und KGB-Chef Andropow, die ihre frühere Meinung geändert hatten. Breschnew sei wohl eingeredet worden, dass es sich nur um eine kurzfristige, begrenzte Kommandoaktion handele. Doch sie dauerte am Ende zehn Jahre und verschlang jährlich fünf Milliarden Rubel.[108] Der Krieg kostete ca. fünfzehntausend sowjetische Soldaten das Leben, zehntausende Afganci, wie man die heimkehrenden Afghanistan-Veteranen nannte, wurden verwundet. Auf afghanischer Seite starben eine bis anderthalb Millionen Menschen!

Auch wenn es keinen direkten Zusammenhang zwischen Rust und dem Abzug aus Afghanistan gibt, spielt das Thema bei den Vernehmungen dennoch eine Rolle. Der Untersuchungsrichter, vielleicht um herauszubekommen, wes Geistes Kind sein Gefangener ist, fragt ihn, wie er entscheiden würde, was diesen Konflikt angeht. Für den neunzehnjährigen Friedensflieger muss es sich so angefühlt haben, als hole man seinen Rat ein.

»Ich habe gesagt, ihr seht ja, Reagan nimmt das immer zum Anlass, um euch vorzuführen und zu sagen, guck mal, das sind Okkupanten, die sind in Afghanistan eingefallen und die wollen Afghanistan unter Kontrolle bringen und wollen ihren Sozialismus ausbreiten. Zieht eure Truppen unverzüglich zurück, ohne zu fragen, was später kommt, egal welche Verluste ihr erlitten habt. Und wenig später hat er es tatsächlich dann gemacht.

Ich hab sie damals auch gefragt, warum sie überhaupt nach Afghanistan einmarschiert sind. Sie haben gesagt, Afghanistan war damals nach der Revolution eines der ersten Länder, die die Sowjetunion anerkannt haben. Damit waren sie historisch verpflichtet. Als die Taliban immer größer, immer stärker wurden, wurden sie um Hilfe gebeten, und auf Grund dessen sind sie in Afghanistan einmarschiert. Und dann wurden sie immer mehr verwickelt. Die Amerikaner belieferten die Taliban mit ihren Luftabwehrwaf-

fen, damit haben die Sowjets die Lufthoheit verloren. Dann wurde der Konflikt immer vertrackter, weil der CIA ihn nutzte, um einen Stellvertreterkrieg zu führen. Es ist natürlich schwierig, nachdem man so viele Verluste erlitten hat, zu sagen, wir ziehen uns zurück. Man sieht ja heute, wie schwer sich die westlichen Staaten tun, ihre Truppen zurückzuziehen, nachdem sie schon über fünftausend Tote zu verbuchen haben. Und den Russen ging es ja damals auch nicht besser. Die haben noch viel mehr Verluste gehabt und obendrein den Imageverlust. Denn bis dahin galt ja die Rote Armee als unbesiegt! Als unbesiegbar!«

Etwas anders sieht es aus, wenn man fragt, ob es einen Zusammenhang zwischen Rusts Kreml-Flug und der Entwicklung der Beziehungen zwischen der Sowjetunion und der Bundesrepublik Deutschland gibt.

Seit Kohls unseligem Goebbels-Vergleich waren die Beziehungen auf einem Tiefpunkt. Der empörte Generalsekretär: »Wir müssen dem Kanzler noch Lehren erteilen.«[109] Und auf der Politbürositzung am 13. Juni 1986: »Kohl fängt schon an, nervös zu werden, und das ist gut so.«[110]

Tauwetter setzt erst am 4. Juni ein, also eine Woche nach der Landung Rusts in Moskau. Gorbatschow: »Man muss sich in den Beziehungen zur BRD auf ungewöhnliche Schritte einlassen, um dieses Land auf unsere Seite zu ziehen.«[111]

Anfang Juli ist Richard von Weizsäcker auf Staatsbesuch in Moskau. Es gibt einige Turbulenzen um die zensierte Veröffentlichung seiner Tischrede. Gromyko hat es so befohlen. Tschernjajew bekommt Anrufe von Falin und Schachnasarow: »Was ist los? Warum erweisen wir uns erneut als Dummköpfe?«[112]

Natürlich hat Bundespräsident Weizsäcker im Gespräch mit seinem Amtsbruder Andrej Gromyko »loyal und einfühlsam« auch die Freilassung des Jungen aus Wedel angesprochen. Gromyko reagiert unwirsch:

»Er schob seinem Gegenüber einen Zettel mit 16 Namen von

Bürgern der Bundesrepublik zu, die der Sowjetunion auszuliefern seien, da sie wegen Kriegsverbrechen gesucht würden. Der grimme Gromyko, der aktiven Politik enthoben, mag die Deutschen nicht.«[113]

Am 16. Juli gibt Gorbatschow endgültig grünes Licht: »Ich denke, wir sind in unserer Abkühlung zu den Deutschen bereits bis an die Grenze gegangen. (...) Ich denke, dass es sich lohnt, sich den Deutschen anzunähern, auch wenn es ein Risiko ist.«[114]

Ab jetzt geben sich deutsche Politiker in Moskau die Klinke in die Hand: Im Dezember kommt Franz Josef Strauß, im Februar 88 Lothar Späth, im April Willy Brandt, im Mai Hans-Jochen Vogel und Bundeswirtschaftsminister Martin Bangemann, im Juni Hans-Dietrich Genscher. Und alle sprechen sie das heikle Thema Mathias Rust an. Im Oktober ist endlich Bundeskanzler Helmut Kohl in Moskau. Den prominenten Häftling aus Wedel hat man vorher als »Akt des guten Willens« nach Hause geschickt.

Selbst Mathias Rust in seiner Zelle spürt den Frühling in den Beziehungen: »*Der Konsul sagte mir bei einem Besuch, dass, seitdem ich da bin, der Kontakt zu den russischen Stellen freundlicher, viel einfacher geworden ist. Wir merken da tatsächlich Bewegung bei allen möglichen diplomatischen Kontakten, wo die Russen sehr viel offener auf uns zugehen, sagt er. Das kann er sich gar nicht erklären. Und dann meinte er, seine persönliche Einstellung wäre, dass das mit meinem Flug zu tun haben könnte. Jedenfalls hat er den Eindruck, als ob da irgendwie Eis gebrochen wäre und jetzt langsam schmilzt.*«

Ob es tatsächlich einen Zusammenhang gibt zwischen dem Kreml-Flug und dem Beginn des Dialoges mit der BRD, ist schwer zu beweisen, aber auch nicht auszuschließen. Die Parallelität der Ereignisse ist auf jeden Fall nicht zu übersehen.

Heimkehr

Als der Transporter mit Mathias Rust auf dem Flughafen Scheremetjewo ankommt, wartet dort bereits der dritte Botschaftssekretär mit einem Business-Class-Ticket. Die Touristenklasse
ist ausgebucht, vor allem durch Aussiedler, etwa Russlanddeut-
sche aus Kasachstan. Da Rust kein Geld hat, bezahlt der Botschaftssekretär das Ticket mit seiner Kreditkarte.

Aus irgendeinem Grund dauert es ewig, bis der Airliner
A 300 starten kann. Als die Maschine mit zweieinhalb Stunden
Verspätung abhebt, ist auch die Business-Class ausgebucht – die
ausländischen Journalisten mit NBC und BBC an der Spitze
haben sie förmlich gestürmt –, die Nachricht von der Freilassung hat sich wie ein Lauffeuer verbreitet. Rust sitzt völlig verloren inmitten der Medienmeute. Alles stürzt bedrohlich auf
ihn ein, Kameras klicken, Mikrofone werden ihm ins Gesicht
gesteckt. Nur der Moskauer »Stern«-Korrespondent Peter Bier
sitzt abgeschlagen in der Touristenklasse. Das ist *die* Gelegenheit für einen Mitarbeiter der »Bunten«: »*Er sagte zu mir: ›Sie
sind ja vom ›Stern‹ gekauft worden, aber hier im Umschlag ist
mehr Geld als der ›Stern‹ Ihnen je bieten würde.‹ Ich habe ihm
geantwortet, dass ich nicht käuflich bin.*«

Rust ist zu keiner richtigen Äußerung, zu keinem vernünftigen Wort fähig. Es war alles so plötzlich, zu überwältigt ist er. Vierzehn Monate, bis eben noch, hat er in der Isolation gesessen, und jetzt, ohne Übergang, ist er nicht nur von Menschen umringt, sondern alle wollen etwas von ihm – das ist zu viel für den Zwanzigjährigen. Wie es ihm geht, wie er sich fühlt, was er jetzt empfindet? »Mir geht's gut«, kann er nur immer wieder sagen – aber er ist fix und fertig! Er kapselt sich ab, weist auch den »Stern«-Journalisten, der sich endlich in die Business-Class durchgekämpft hat, zurück – er kann jetzt einfach mit niemandem reden. Klein, schwach und zerbrechlich fühlt er sich und gar nicht wie ein Held. Aber gleichzeitig schwebt er innerlich, er schwebt zwischen den Welten. Wieder zwischen den Welten – wie vor über einem Jahr auf dem Weg nach Moskau.

Der Pilot der A 300 möchte seinen prominenten Fluggast sprechen und bittet ihn ins Cockpit. Er kritisiert ihn zunächst, sozusagen als Kollege, wegen der »unverantwortlichen Gefährdung« des Luftraums und erklärt ihm dann die Instrumente.

Über Funk kommt eine Anfrage von der Lufthansa, ob sie einen VIP an Bord hätten, denn es gäbe mehrere hundert Anfragen von Journalisten! Am Frankfurter Flughafen sei die Hölle los, es fände ein regelrechter Medienauflauf statt! Ja, bestätigt der Pilot, Mathias Rust ist an Bord.

Während die A 300 noch in der Luft ist, entscheidet die Lufthansa, die Maschine nicht an den Landefinger anzudocken, sondern an einer Außenposition zu parken. Der Pilot ist darüber nicht erfreut, die Passagiere murren eh schon wegen der großen Verspätung und nun auch noch eine lange Fahrt zum Terminal.

Als die Maschine endlich aufsetzt, hat man Tribünen für die ca. dreihundert Journalisten aufgebaut, die sich eingefunden haben. Mathias Rust schaut aus dem Fenster. Seine ersten Eindrücke von der Heimat sind ein unglaubliches Blitzlichtgewitter und diese unübersehbare Masse von Menschen, die alle, er ahnt es, etwas von ihm erwarten. Die Geister, die er rief, machen ihm Angst.

Ein britischer Tourist, der während des Fluges hinter ihm saß, macht ihm ein Geschenk: eine Krawatte, auf der die Basilius-Kathedrale abgebildet ist und davor eine Cessna im Anflug. Auch in der Sowjetunion gibt es clevere Geschäftsleute, die mit ihm bereits Geld verdienen. Ein anderer Passagier allerdings zischt genervt ob der Verspätung: »Das ganze Theater nur wegen dem Kasper da!« Rust hat es nicht vergessen.

Die Passagiere steigen aus, Rust soll noch im Flugzeug bleiben. Und jetzt spielt sich eine Szene ab, die den Grundstein legt für das, was ihn in den kommenden Wochen überrollen wird. Ein Mitarbeiter der Lufthansa kommt mit einem Blumenstrauß auf ihn zu und sagt, den hätte er von einer Reporterin des »Hamburger Abendblattes« bekommen, und den solle Rust doch bitte schwenken, wenn er die Gangway heruntergeht.

Der Zwanzigjährige macht nun einen entscheidenden Fehler, einen Fehler, der dramatische Auswirkungen haben soll. Er sagt empört, dass er das nicht machen wird: *»Bitte teilen Sie der Dame mit, ich komme nicht aus der Gefangenschaft, sondern ich komme von meinen Freunden zurück, und ich schwenke hier keine Blumen!«*

In seiner ganzen Naivität verweigert er sich den Medien. Er weiß nicht, was er da tut, was es bedeutet, dass er ihr Spiel nicht mitspielt. Die wollen die Befreiung des Helden aus finsterer Kerkerhaft zelebrieren, die wollen ihren Anteil daran haben, sie alle haben ihn doch schließlich »freigeschrieben«, haben Geld investiert, die ARD zum Beispiel 300 000 harte DM für einen Bericht des sowjetischen Fernsehens über den Moskauer Prozess – da hat man ja wohl ein Recht auf Gegenleistungen und Dankbarkeit, oder? Und sie wollen sich sonnen in seinem Glanz, unser Mathias, unser Held – und ganz nebenbei wollen sie ordentlich Kasse machen. Und Rust macht den Spielverderber! Weigert sich, ihr Held zu sein. Das nehmen sie ihm übel!

Ankunft in Frankfurt am Main am Abend des 3. August 1988.

Aber übel ist in diesem Moment erst mal ihm selbst, »spei-
übel und schwindlig« sei ihm gewesen. Er ist froh, wenn er es
schafft, »in einem Stück« und ohne zu stürzen die Gangway
runterzukommen. Und jetzt folgt die nächste verhängnisvolle
Freveltat: Die Medienleute erwarten natürlich, dass er zu ihnen
kommt, wenigstens ein paar erste Fragen beantwortet. Aber da
ist der Exklusivvertrag mit dem »Stern«, dessen Existenz ihm
natürlich bekannt ist. Und über dessen Einhaltung wird eifer-
süchtig gewacht. Rust muss in den wartenden VW-Bus steigen
und fährt an der empörten, pfeifenden, grölenden, buhrufen-
den Meute vorbei und davon. Er zeigt ihnen einfach den Rücken! Unverzeihlich!

Und Rust lässt nicht nur die Journaille stehen, sondern auch
den extra herbeigeeilten Regierungsvertreter. Man erzählt ihm,
selbst Genscher wäre gekommen, was sich aber im Nachhinein
als nicht zutreffend herausstellte.

*»Ich wusste das ja nicht! Wir fuhren mit dem VW-Bus so längs
und da waren Scheinwerfer, das ZDF hatte da was aufgebaut, ich
sollte dort sozusagen offiziell begrüßt werden. Und ich hab die Leute
einfach nicht getroffen, bin zum Terminal gefahren, zum ›Stern‹
und nicht zu Genscher. Man sagte mir später, eigentlich hätte die
Journalistin von ›Hamburger Abendblatt‹ mir ausrichten sollen,
dass Genscher auf mich wartet. Weil ich nun aber den Blumenstrauß
nicht genommen habe, ist mir das auch nicht ausgerichtet worden.
Man hat mich so quasi ins offene Messer laufen lassen. Ich hab's
nicht gewusst! Wenn ich's gewusst hätte, hätte ich natürlich den offiziellen Termin wahrgenommen.«*

Was sich in dieser Nacht auf dem Frankfurter Flughafen ab-
spielt, kann man am nächsten Montag im »Spiegel« nachlesen:
»Wie schon voriges Jahr nach seiner Landung auf dem Moskauer Roten Platz entfesselten die konkurrierenden Medien einen beispiellosen Rummel um den blassen Jüngling aus Schles-
wig-Holstein. Doch keine zwölf Stunden nach der Entlassung

aus dem Moskauer Lefortowo-Gefängnis wurde die Medien-Ware Rust auf dem Frankfurter Flughafen von ihren Besitzern einkassiert.

Die Hamburger Illustrierte ›Stern‹, bei der Rusts Eltern einen Exklusivvertrag unterschrieben hatten, sorgte dafür, daß die rund zweihundert Kameraleute hinter Absperrgittern nur aus dreißig Meter Entfernung draufhalten konnten. Mehr gab es nicht – nur einen jungen Mann mit Brille, der ›kein Kommentar‹ murmelte und unter Polizeibewachung davonkutschiert wurde.

Anschließend entschwebte er im Privatjet, der vom ›Stern‹ gechartert war, mit Zielflughafen Lübeck. Auch dort hatten sich vorsorglich schon Journalisten zum Empfang versammelt. Nur knapp gelang es der ›Stern‹-Crew, umzudisponieren und Hannover anzufliegen. Dort immerhin durfte Rust, donnerstagmorgens um eins, im Flughafengebäude GAT 1 einem NDR-Team und der US-Fernsehgesellschaft National Broadcasting Company (NBC) drei Minuten lang Belanglosigkeiten ins Mikrophon sprechen: ›Ich fühle mich ausgezeichnet‹, er habe ›den Frieden im Allgemeinen‹ fördern wollen‹.«[115]

Auch auf dem Hamburger Flughafen warten über hundert Kameramänner und Reporter von Zeitung, Radio und Fernsehen die halbe Nacht vergeblich. Selbst vor der Wohnung der Familie Rust in Wedel harren über sechzig Journalisten bis zum Morgen aus. Ebenfalls umsonst.

Die »Stern«-Leute fahren mit ihrer »Medien-Ware«, nachdem sie in Hannover gelandet sind, zu einem einsamen, per Auto nur mit Sondergenehmigung erreichbaren Gasthof in der Lüneburger Heide, wo die Redaktion ihre Beute für die nächsten zwanzig Stunden vor der Konkurrenz versteckt. Fast gelingt dies auch, nur zwei clevere Reporter eines kleinen Hamburger Privatsenders finden per Fahrrad das Versteck. Sie erleben einen bleichen, von der Marathon-Befragung ausgepumpten Mathias Rust, der offensichtlich am Ende ist.

Das Ergebnis dieser Klausur ist ein sechsseitiger Artikel unter der Überschrift »Seit Moskau bin ich ein anderer Mensch« – am Montag, dem 8. August. Der »Stern« erscheint eigentlich immer donnerstags, wegen der Mega-Story Rust hat man in großer Eile die Auslieferung drei Tage vorgezogen.

Den Artikel schreibt Erich Follath. Was Mathias Rust, zurück in seinem Wedeler Kinderzimmer, an diesem Montag liest, enttäuscht ihn zutiefst: »*Also anfänglich, während meiner Abwesenheit, waren die ›Stern‹-Artikel gut. Der Korrespondent in Moskau hat immer so geschrieben, wie es war. Nach meiner Rückkehr haben wir das lange Interview in der Heide gemacht, und ich hatte das Gefühl, dass das gut gelaufen ist. Aber als der erste Artikel dann erschien, war ich erschrocken. Das war nicht gut! Vereinbart war: Es sollte neutral geschrieben werden, meine Sicht der Dinge sollte dargestellt werden, ich sollte nicht in Frage gestellt werden. Der Artikel gab dann gar nicht das wieder, was wir besprochen hatten. Das war ein Artikel, wie von jemandem geschrieben, der mich nie getroffen hat. Wie aus weiter Ferne.*«

Und das klingt bei Follath dann so:

»Er ist intelligent und hochgradig sensibel, wohl auch psychisch labil ... und auf gefährliche Weise weltfremd. ... Schon rein äußerlich stellt man sich einen tollkühnen Draufgänger anders vor.«[116]

Die Tat allein reicht anscheinend nicht, Rust sollte wohl auch noch wie Arnold Schwarzenegger aussehen, um als tollkühner Draufgänger durchzugehen.

»Schmale, eingefallene Schultern, die Brille und seine stets korrekte Kleidung lassen den 20jährigen eher wie einen strebsamen Oberprimaner oder einen Verwaltungsbeamten im mittleren Dienst erscheinen. Seine Ausdrucksweise ist altertümlich gespreizt.«[117]

Der Ansatz des Artikels ist kein politischer, sondern ein psychologisierender. Die Motivation für den Kreml-Flug wird in seiner geborgenen Kindheit gesucht.

Titelseite der vorgezogenen Ausgabe des »Stern« Nr. 33/1988 mit der Exklusiv-Geschichte über die Freilassung von Mathias Rust.

153

»Daß er mit seiner spektakulären Tat gerade aus dieser Geborgenheit will, ist ihm nicht bewusst. Daß er gedanklich immer in die Ferne strebt, obwohl er so an der Familie hängt, will er nicht wahrhaben«, unterstellt Hobbypsychologe Follath.

»Er las in Lefortowo mehr als in seinem ganzen Leben zuvor. Karl Marx, Sigmund Freud und vor allem Perry Rhodan. Diesem Science-Fiction-Helden fühlt er sich besonders verbunden. Dieser Weltraum-Husar überwindet als ›Erbe des Universums‹ in einsamen, waghalsigen Kommando-Unternehmen die Zerrissenheit der Systeme und Weltanschauungen.«[118]

Na, das passt doch ins Bild! Ist aber Quatsch. Rust kannte Perry Rhodan gar nicht vor seinem Moskau-Flug. Der Science-Fiction-Fan hatte seine Eltern gebeten, ihm »was Leichtes« mitzubringen, so kam Perry Rhodan durch Zufall in die Zelle. Er hat ihn nach seiner Rückkehr nie wieder gelesen. Marx und Freud sind frei erfunden. *»Ich wollte einfach nur die Zeit herumbekommen. Für tiefschürfende Literatur war ich damals einfach zu angespannt.«*

»Es wird ein schmerzhaftes Erwachen für Mathias Rust und seine Familie werden, wenn sich der Ruhm vom Roten Platz verflüchtigt.«[119] Schmerzhaft wird nicht das Verblassen des Ruhms, sondern der nun einsetzende jähe Umschwung in der öffentlichen Meinung. *»Es war dann so, dass ich plötzlich nicht mehr ernstgenommen wurde, die Absichten in Frage gestellt wurden, die Sache einfach lächerlich gemacht wurde. Oder halt eben gesagt wurde, dass es viel zu riskant war, dass es unverantwortlich gewesen wäre. Das zu lesen war traurig und deprimierend.«*

Verwundert und verletzt stellt Rust die »Stern«-Redakteure zur Rede und bekommt eine verblüffende Auskunft:

»Sie sagten mir, wir mussten das so machen. Der Artikel war schon fertig, aber dann hätten sie Druck von oben bekommen und mussten den Artikel halt so schreiben, wie er geschrieben wurde. Was ›Druck von oben‹ bedeutet, wollten sie mir nicht sagen, nur eben, die Chefredakteure hätten Druck von oben bekommen.«

Zu diesem Zeitpunkt wird das Blatt von einer Troika geleitet: Heiner Bremer, Klaus Liedtke und Michael Jürgs.

Der sowjetischen Zeitschrift »Neue Zeit«, die inzwischen offensichtlich ihre anfänglichen Anschuldigungen von Verschwörung und Provokation vergessen hat, sagt Michael Jürgs: »Wir wollen auf gar keinen Fall einen Helden aus ihm machen.«[120]

Dieses plötzliche Fallenlassen und »Runterschreiben« der Person, die man exklusiv unter Vertrag hat, war für viele überraschend. Erich Follath: *»Rust war eine einzige Enttäuschung, eine intellektuell leere Hülle, die Gespräche waren enttäuschend, wir waren deshalb ganz unglücklich.«* Und auf die Frage, ob es irgendeine Art von Einflussnahme gab: *»Das ist totaler Quatsch!«*

Man fragt sich, mit welcher Erwartungshaltung die »Stern«-Leute in ihre Klausur-Gespräche mit Rust gegangen sind. Was haben sie sich eigentlich erhofft von jemandem, der vierzehn Monate im sowjetischen Isolationsknast gesessen hat und von dem beängstigenden Medienhype völlig überfordert ist?

Der »Spiegel« konstatiert, nicht ohne Schadenfreude: »Als die ›Stern‹-Crew nach mühsamem Dialog begriff, wen sie da für 100 000 Mark unter Vertrag hatte, trat sie die Flucht nach vorn an. In ihrer Titelstory mit vorgezogenem Erscheinungstermin (›Mein Flug – Meine Haft – Meine Heimkehr‹) verkaufte ›Stern‹-Autor Erich Follath, 39, nicht den tollkühnen Helden am Steuerknüppel, sondern den verwirrten Knaben aus der Wedeler Wohnetage. ›Ich fand, man konnte es nicht anders machen‹, sagt Follath. ›Der Junge gibt da nicht mehr her.‹«[121]

Nicht ganz ohne Einfluss auf die Tendenz des Artikels könnte allerdings auch der zu erwartende Umschwung der öffentlichen Meinung nach der verpatzten Landung gewesen sein.

Der »Stern«-Artikel hinterlässt seine Wirkung, wie die Leserzuschriften zeigen:

»Die eigentliche Strafe des Kreml-Chefs: Sie entlassen ihn vorzeitig und schicken ihn zurück in die matriarchalische Familie, in der Perry Rhodan die einzige Identifikationsmöglichkeit ist.«

»Ihr Bericht beschreibt Herrn Rust genau so, wie man ihn sich vorgestellt hat: naiv, wirklichkeitsfremd, eher 12 als 20 Jahre alt.«

»Zurück bleibt das Bild eines spätpubertierenden Jugendlichen, der kurative Zuwendung nötiger hat als eine unangemessene Heldenpose.«

Man nennt ihn »spätpubertierenden Jungspießer«, »geltungssüchtigen Pubertierenden«, »selbsternannten Retter der Menschheit« und »geistigen Tiefflieger«, seine Berichte »hirnrissiges Geschwafel«. Vom »Jüngelchen« ist nun immer wieder mit abschätzigem bis empörtem Unterton die Rede. Linkische, unbeholfene Fernsehauftritte, zum Beispiel im ARD-Magazin »Panorama«, verzeiht man ihm nicht. Man erwartet offensichtlich, dass jemand, der im Herzen der Sowjetunion landen kann, nun automatisch auch ein eloquenter Rhetoriker sein muss, einer der glänzenden Selbstdarsteller, die man aus den Talkrunden kennt. Der Inhalt verschwindet hinter der enttäuschenden Form. Mathias Rust wiederholt nur immer wieder ganz ungeschützt seine einfache klare Botschaft von Frieden und Verständigung – weniger hat er nicht zu sagen.

Thomas Osterkorn nennt noch einen andern Grund für die Hetzjagd der Medien: *»Das ist auch branchentypisch: Wenn ein Magazin jemanden unter Vertrag hat, dann sehen die anderen das schon mal kritisch. Das ist so. Hätte die ›Bild‹-Zeitung Rust unter Vertrag gehabt, wären die anderen Medien, auch der ›Stern‹ und der ›Spiegel‹, leichter geneigt gewesen, in ihm auch den Spinner zu zeigen und das ›Wie kann man nur …‹. In diesem Fall waren wir es, die ihn hatten. Dabei gibt es immer einen Konkurrenzkampf und manchmal auch Häme bei denen, die ihn nicht haben.«*

Die »Bunte« hatte schon nach dem Prozess im September 1987 mit dieser Art Berichterstattung begonnen. Für viel Geld waren Farbfotos und ein Interview sowjetischer Kollegen gekauft worden, das sie mit folgendem Kommentar nachdruckten:

»Man ist zunächst beeindruckt durch die Selbstsicherheit. Dann merkt man: Es ist Überheblichkeit. Liest man die Niederschrift, bleiben verhaspelte leere Worthülsen.«[122] Der folgende Artikel jedoch bestätigt diese negative Einführung in keiner Weise. »Bunte« weiter: »Im Vernehmungszimmer setzte sich Rust auf Geheiß des russischen Fotografen an eine deutsche Erika-Schreibmaschine mit kyrillischen Buchstaben, die er allerdings nicht bedienen kann.« Also ein Blender. Dabei haben sich die Schreiber der »Bunten« offenbar ihre teuren Fotos gar nicht richtig angeschaut. An der Schreibmaschine sitzt nämlich nicht Mathias Rust, sondern ein Mitarbeiter der Untersuchungskommission.

Besonders übel nimmt man Mathias Rust, dass Geld geflossen ist: »Man muß nur spektakulär Gesetze verletzen – schon wird man durch ›Exklusiv-Verträge‹ reich«, entrüstet sich ein Leser nicht ganz ohne Neid.

»Auf der Titelseite der ›Quick‹ sah man mich im August 88 auf einem Haufen Geldscheinen herumspringen. Überschrift: Jetzt hat er die Taschen voll. Und das ging ja genau in die andere Richtung los, das war ja gar nicht mein Ziel.

Und das war ja nur ein Medium! *Das ist doch klar, wenn die Leute so was sehen und hören und lesen, dass die Sache außer Kontrolle gerät, also dass die Mission für den Frieden auf einmal eine Mission für das eigene Portemonnaie wird.*

Ich hatte Kosten, ich musste noch zahlreiche Rechnungen begleichen, vom Rechtsanwalt bis zu anderem, das musste bezahlt werden. Das ging nicht ohne Hilfe.«

Michael Jürgs, einer der drei Chefredakteure des »Stern«, sagt, man dürfe nicht nur immer die großen Fische absahnen lassen. Auch kleine Leute sollten mal große Honorare verdienen.[123]

Thomas Osterkorn hatte den ersten Vertrag mit Familie Rust

geschlossen. Das waren 15 000 DM. Später wurde er, unter anderem aufgrund der langen Laufzeit und der zu erwartenden hohen Kosten, auf 100 000 DM erhöht. Teil des Honorars sind die Aufwendungen für die Moskau-Reisen, also Flug- und Hotelkosten. Die Eltern besuchen ihren inhaftierten Sohn sechs- oder siebenmal, mehrmals ist Bruder Ingo dabei. Insgesamt fallen Reisekosten von ca. 30 000 DM an. Dazu kommen Anwaltskosten für den Prozess in Moskau und den in Itzehoe, der allerdings eingestellt wird, für die Wiedererlangung der Pilotenlizenz und anderes mehr.

Eine hohe Rechnung allerdings kommt zum Glück nicht auf den Kreml-Flieger zu: Die finnischen Behörden erlassen ihm die Kosten für die Suchaktion vor ihrer Küste. Das wären 50 000 DM gewesen. Die Begründung: Man wolle »eine Friedensmission nicht nachträglich durch bürokratisches Handeln bagatellisieren«. Rust: *Eine äußerst großzügige Geste, für die ich heute noch dankbar bin. Das hätten deutsche Behörden mit Sicherheit nie fertiggebracht!*

Das Finanzamt wollte damals nach meiner Rückkehr eine Steuervorauszahlung in Höhe von 400 000 DM. Die dachten, ich hätte im Lotto gewonnen! Das wurde dann aber durch meinen Steuerberater relativiert.«

Sicher ist, dass die Hauptakteure, Mathias Rust und seine Familie, nicht reich geworden sind. Die große Kohle machen andere. So vermarktet zum Beispiel eine New Yorker Medienagentur in sowjetischem Auftrag die Fernsehrechte am Prozess. Die Angebote von über achtzig Sendern weltweit haben ein Volumen von mehreren Millionen Dollar. Darunter ist auch die ARD, die sich die Sache, wie erwähnt, 300 000 DM kosten lässt. Für die Sondersendung über den Prozess kippt sie »King Kong« aus dem Programm. Rust wird später zu hören bekommen, dass die Leute empört gewesen seien, dass sie seinetwegen ihren Film nicht sehen konnten. Rust kann sie verstehen, damals gab es nur drei Fernsehprogramme.

HEFT NR. 33 MÜNCHEN, 10. AUGUST 1988 DM 2,80

QUIC

...nger braun,
...nger fit

...e 12 besten Tips
...r die Zeit nach
...m Urlaub

...dar-Fallen

...e neuen Tricks
...r Polizei

...athias Rust

...che Landung

...ert, wie das Gefängnis ihn
...how ihn jetzt freiließ

Für die »Quick« (Ausgabe 33/1988) lebt Mathias Rust fortan auf einem Berg von Geld.

159

Die »Bunte« bezahlt 100 000 Dollar für rund fünfzig Farbfotos und ein Vernehmungsprotokoll. Das Geld, so ein »Bunte«-
Redakteur zufrieden, sei durch Weiterverkäufe »längst wieder
drin«.

Thomas Osterkorn gehört zu der »Stern«-Mannschaft, die
Rust in Deutschland empfängt: »*Bei der Konkurrenz gab es viel
Ärger darüber, dass der ›Stern‹ Rust natürlich erst einmal abge-
schirmt und interviewt hat. Er hat ein paar Worte gesagt, nicht viel,
dann hatten wir ihn unter Vertrag, und er war weg. Da gab es
durchaus Verärgerung, und die ergoss sich dann auch über Rust.*«
Die Medien entfalten einen regelrechten Rachefeldzug für
die erlittene Abfuhr, für die Mathias Rust selbst nicht verantwortlich ist. Ein Heer von Kleingeistern, selbsternannten Psychologen und Bedenkenträgern, denen das, was Rust getan
hat, im Grunde so fremd ist wie die Rückseite des Mondes,
fällt scheinheilig über ihn her. Sabine Christiansen berichtet in
der »Tagesschau« im hämischen Ton und macht damit Meinung.
Thomas Osterkorn: »*Sie haben ihn alle zum Teil wirklich
durch den Kakao gezogen. Die Deutschen tun sich sowieso schwer
mit Menschen, die irgendwas Verrücktes machen. Die können mit
so was irgendwie schwer umgehen. Kleine Heldentaten, das kann
nicht sein. Wer so aus der Reihe tanzt, muss eigentlich ein Spinner
sein.*

*Aber ein Spinner hätte das nicht geschafft. Das musst du exakt
planen, Treibstoff, da runterzufliegen, überhaupt dort dann zu landen. Ich meine, es ist gesagt worden, er hätte die Leute dort gefähr-
den können. Ja, hätte, hätte, hätte! Aber er ist da gelandet und hat
niemanden gefährdet! Und ich erinnere mich noch an die Bilder
vom Roten Platz, da liefen eine Menge Menschen rum – das müssen sie auch erst einmal schaffen!*

*Natürlich war er ein bisschen verrückt. Aber er hat etwas Welt-
bewegendes gemacht!*«

Sein Kreml-Flug ist plötzlich nur noch eine »angebliche Friedensmission« und seine Idee ein »Spleen« (»Spiegel«), Springers »Welt« nennt ihn »Westentaschen-Revolutionär« und »Bild« ruft schon mal nach dem Psychiater.

»Stern«-Gründer Henri Nannen bleibt die Spucke weg: »Da wurde der junge Hobby-Flieger in einer Tonart heruntergeputzt, nur weil es den öffentlichen und privaten Anstalten, die doch wohl auch ihr Geschäft mit der Nachricht machen, … nicht gelungen war, den jungen Mathias Rust wie einen herrenlosen Hund in ihren Käfig zu sperren und ihm das Mikrofon ins Gesicht zu stoßen. … Er hat es nicht ihnen erzählt, sondern dem ›Stern‹. Also werden sie ihn abmeiern, als ›unreifen Bengel‹, der ›bei seiner Landung auf dem Roten Platz Hunderte von Menschen gefährdet hat‹ und der ›die deutsch-sowjetischen Beziehungen schwer belastete‹.«[124]

Der »Spiegel« antwortet eine Woche später, und das durchaus zu Recht: »Nannen übersah eine Kleinigkeit: Der ›Stern‹ hat mitgemeiert.«[125]

Thomas Osterkorn versucht zu erklären, wie der Artikel zustande kam:

»Follath war ein hochgeachteter Autor – und man wollte eine besondere Schreibe und auch etwas mehr Distanz. Ich habe ja die ganze Zeit, von Frühjahr 87 bis er dann freikam im August 88, häufig Kontakt mit der Familie gehabt, bin mit ihr zwei Mal in Moskau gewesen, einmal zum Prozess und dann noch mal, als wir dachten, er käme im Rahmen des Weizsäcker-Besuches frei. Ich hab' mit Monika und der Familie immer wieder telefoniert, bin immer wieder mal vorbeigefahren. Wir haben viel miteinander gesprochen. Ich kenne heute noch die Telefonnummer auswendig.

Der ›Stern‹ wollte sicherlich jemanden haben, der ein bisschen mehr Abstand hat, und hat seine ganze Nummer dann schon eher kritisch gesehen. Ihn kritiklos als Freiheitskämpfer darstellen, das wollte man aus journalistischen Gründen nicht. Und Follath hat den Artikel dann mit Distanz und kritisch geschrieben.«

Mathias Rust beendet die Zusammenarbeit mit dem »Stern«. Der Vertrag sieht eh nur einen großen Artikel vor. Im Oktober stehen die »Hamburger Bilderblatt-Macher«, wie der »Spiegel« die Konkurrenz gern verhöhnt, noch einmal vor seiner Tür. Mit Hilfe eines Ghostwriters soll ein Buch für das Weihnachtsgeschäft geschrieben werden. Aber Rust ist fertig mit dem »Stern«. Und überhaupt:

»Diese Hetzkampagne, die die Medien dann durch die Bank wochenlang durchführten, hatte zur Folge, dass ich mich einfach total missverstanden und fehlinterpretiert fühlte. Ich war einfach zu jung und zu instabil, um das abschütteln zu können. Als erwachsener Mann hätte ich vielleicht sagen können, lass die doch snacken, in drei Wochen ist alles vergessen. Aber ich habe das sehr persönlich genommen, weil dann auch die Leute meinten, dass das, was geschrieben steht, der Wahrheit entsprechen würde. So waren ja die Lesermeinungen im ›Stern‹. Heute weiß ich ja, dass das Geschriebene gar nicht der Wahrheit entsprechen muss, dass es nur darauf ankommt zu verkaufen. Sie haben das nicht so geschrieben, weil sie gegen mich waren, sondern weil sie einfach die Auflage steigern, die Einschaltquoten ankurbeln wollten. Das hab' ich damals nicht verstanden. Und deswegen halt meine Destabilisierung und Dezentrierung. Das hat mich dann so aus dem Gleichgewicht gebracht.«

Mathias Rust hat sich in den 432 Tagen seiner Haft verändert. Er ist ein anderer Mensch geworden. »Ich kam als Kind«, sagt er, »und gehe als Erwachsener.« Er hat viel gelesen, er konnte in der »Prawda« die stürmische Entwicklung in der Sowjetunion verfolgen, er hat mit seinen beiden Zellenkameraden diskutiert – seine verdrehten Vorstellungen von der Sowjetunion hat er dabei gründlich korrigiert. Und er hat tatsächlich Freunde gefunden, und das verkündet er auch so: *»Wo es die Gelegenheit gab, hab ich gesagt, dass man mich immer gut behandelt hat, dass ich mir wünsche, dass der Kontakt zwischen unseren Völkern sich*

Die Garagen der Familie Rust in Wedel bei Hamburg werden des Nachts von Unbekannten auf Englisch beschmiert: »Rust – verschwinde nach Sibirien!«

weiter verbessert, dass wir eines Tages vielleicht so gut befreundet
sind wie mit den Holländern oder mit den Italienern oder den
Franzosen zum Beispiel.«

Rust bekommt Morddrohungen, schriftlich und per Telefon:
»Du Schwein hast uns verraten …« Die »Stern«-Leute versuchen zu trösten, das sei normal, wenn man so in der Öffentlichkeit steht, das wären Neider. Familie Rust lässt ihren Telefon-
anschluss sperren. Er wird auf der Straße angepöbelt: »Du hast
unser schönes Wedel in Verruf gebracht …« Die Garage wird
beschmiert: »Rust fly to Sibiria«. Autoreifen werden zerstochen.
Sein Bruder muss für Wochen aus der Schule genommen werden, weil er von den Mitschülern gejagt wird »wie ein wildes
Tier«: »Dein Bruder hat uns verraten, der ist zu den Russen
geflogen!« Der Zweite Weltkrieg ist erst vierzig Jahre her, die
Heimkehr der letzten Gefangenen dreißig Jahre, und Russen-
hass ist offensichtlich immer noch latent vorhanden.

»Ich habe nach meiner Rückkehr einen Brief bekommen von
einem, der auch Rust hieß, und der war Leutnant in der Bundes-
wehr. Der schrieb, er würde von mir 25 000 Mark Schmerzensgeld
fordern, weil er immer wieder mit mir in Verbindung gebracht
werde. Und er würde das unerträglich finden, mit einem Verräter
in einem Atemzug genannt zu werden.«

Mathias Rust kann sich nicht erklären, woher auf einmal all
dieser Hass kommt. Er fühlt sich bedroht und bewaffnet sich
mit einem Springmesser, das er manchmal bei sich trägt. Leider
auch an jenem verhängnisvollen 23. November 1989. Im DRK-
Krankenhaus Hamburg-Rissen, wo er seinen Zivildienst ableis-
tet, verletzt er die achtzehnjährige Schwesternschülerin Stefanie
mit zwei Stichen schwer. Trotz innerer Verletzungen gelingt es
ihr aus eigener Kraft, die zwei Etagen entfernte Station zu erreichen, wo zufällig ein Operationsteam bereitsteht. Dieser Umstand rettet ihr wahrscheinlich das Leben. Im April 1991 steht
Rust wieder vor einem Gericht, diesmal einem deutschen, dem
Landgericht Hamburg. Die Anklage: versuchter Mord.

Mathias Rust nach seiner Heimkehr vor der Cessna das Hamburger Aero-Clubs, mit der er im Jahr zuvor in Moskau gelandet ist.

Diese Tat ist nicht zu rechtfertigen und nicht zu entschuldigen – zu erklären ist sie schon. Rust ist durch die Haft geschwächt. Noch Monate nach seiner Rückkehr quälen ihn Magen-Darm-Probleme. Psychosomatisch, sagt auch hier der Arzt. Er ist aufgrund der Hetzkampagne in seinen Grundfesten erschüttert, traurig und deprimiert. Der kluge und weitsichtige Valentin Falin hatte schon im Juni 1987, nach der Festnahme des Kreml-Fliegers, seine Bedenken formuliert:

»*Mein Vorschlag im Hinblick auf Rust war, ihn sofort nach Deutschland zu senden und dabei zu bitten, eine medizinische Untersuchung zu führen. Man sollte ihn auf keinen Fall vor Gericht bringen, denn im Gefängnis könnten fehlerhafte Momente in seiner Psyche, in seinem noch ungeformten psychischen System, schlimmer werden, und dann würden wir einen kranken Menschen aus dem Gefängnis freigeben.*«

Gorbatschow hat nicht auf ihn gehört. Falins Vermutung, dass die Haft »Konsequenzen für den jungen Mann haben wird«, bestätigt sich – leider.

Mathias Rust weicht Fragen nach dem Attentat auf die Lernschwester nicht aus. Er versucht zu erklären, was er nicht erklären kann, eine Tat, die er selbst nicht versteht. In seiner Hilflosigkeit beruft er sich auf die Gutachten der beiden Psychologen, die das Gericht bestellt hat.

»*Tatsache war, dass sie irgendwas zu mir gesagt haben muss, was mich ins Mark getroffen hat, verbal. Also die ganzen Enttäuschungen, die sich aufgestaut hatten, quasi dann zum Überlaufen des Fasses geführt haben.*

Ich kann, auch im Nachhinein, nicht nachvollziehen, was da gelaufen ist, wie ich so etwas tun konnte. Es hat mir auch sehr leidgetan für die junge Frau, dass das passiert ist. Ich hab mich versucht zu entschuldigen, aber sie hat es nicht angenommen.

Sie hat die ganze Zeit behauptet, sie hätte nichts gesagt. Ich hätte sie einfach angegriffen. Ich hätte sie umarmen und küssen wollen. Ich hab sie nicht umarmt und nicht geküsst. Die Zeitungen haben

auch immer geschrieben, sie habe mich zurückgewiesen. Und das
hätte ich als Egomane nicht verkraften können und wollte sie dann
abstechen.«

Der Auffassung des einen psychiatrischen Gutachters, dass ein Satz ihn »mitten ins Zentrum der Neurose getroffen« habe, schließt sich das Gericht an. Der Kreml-Flug ist immer mit im Raum. Richter Jürgen Schenck: »Irgendetwas müsse wohl passiert sein, das Rust für einen Moment aus der Bahn geworfen habe. Irgendeine Verletzung müsse gewiß geschehen sein, möglicherweise vor allem der Hinweis auf Moskau.«[126]

Er verurteilt Mathias Rust wegen versuchten Totschlages zu einer Freiheitsstrafe von zwei Jahren und sechs Monaten:

»Unser Strafgesetzbuch läßt es zu, daß bestimmte exzeptionelle Tötungsverbrechen oder Versuche wie ein normaler Diebstahl oder wie ein normaler Betrug geahndet werden können. Das ist nicht Ausdruck einer besonders milden Gestimmtheit des Gerichts, sondern das Gesetzbuch läßt es zu.«[127]

Seine Haftstrafe tritt Rust im Oktober 1992 im Gefängnis Neumünster an, 1993 wird er vorzeitig entlassen. Der deutsche Strafvollzug, sagt er, sei im Vergleich zum sowjetischen eher wie ein Männerwohnheim. Doch auch hier gibt es wieder Morddrohungen. Rust wird zur Sicherheit vierzehn Tage in Isolationshaft gehalten, auch beim Hofgang dreht er seine eigenen Runden.

Ab 1995 geht es langsam bergauf. 2001 gibt es noch einmal Schlagzeilen. Er soll einen Kaschmir-Pullover geklaut haben und wird zu einer Geldstrafe verurteilt. Aber dann segelt das Schiff seines Lebens wohl endgültig in ruhigeres Fahrwasser.

Seine erste Frau, eine Polin mit dem schönen Namen Katarzyna, heiratet er im Mai 1991 in den USA. Sein Anwalt hat ihm zu der Hochzeit geraten, das würde ihm »ein gutes soziales Umfeld« geben.

»Wir haben die Ehe schneller geschlossen, als wir sie hätten
schließen sollen. Nach viereinhalb Jahren wurden wir dann wieder
geschieden. Aber das war damals schon eine große Liebe!«

Er lebt eine Weile in England, arbeitet bei einer Unternehmensberatung, besucht zahlreiche Kurse und Fortbildungsseminare und arbeitet sich so in die Finanzwelt ein.

Seine zweite Frau lebt auf Trinidad:

»Das war eigentlich eine Brieffreundin. Irgendwann bin ich da mal runtergeflogen, und dann hat sich das so entwickelt. Nicht sehr langsam, aber auch nicht sehr schnell. Da war ich dann knapp acht Jahre verheiratet. Aber dann haben wir uns auch wieder auseinandergelebt, wie's eben manchmal so kommt. Und da haben wir gesagt, besser wir trennen uns in 'ner guten Stimmung, als wenn wir zu lange warten – so kam's dann zur zweiten Scheidung.«

Seit 2002 hat er auch wieder einen Flugschein – er macht ihn in Südamerika. Ein Freund auf Trinidad, Rust bezeichnet die Karibik-Insel als seine zweite Heimat, hat ein eigenes Flugzeug. Da braucht er nur die Spritkosten zu bezahlen, wenn er fliegt, dreißig bis vierzig Stunden im Jahr. Er könnte die Lizenz in eine europäische umschreiben lassen, mit der er dann auch in Deutschland fliegen kann. Aber, sagt er, das Fliegen ist hier teuer geworden.

Was seinen Kreml-Flug betrifft, zieht er nach fünfundzwanzig Jahren nüchterne Bilanz:

»Auf der einen Seite hab ich erreicht, was ich erreichen wollte. Andererseits hab' ich mir ja viel mehr Aktionen vorgestellt, ich wollte Konferenzen organisieren, junge Menschen aufeinander zuführen, Werbung für Gorbatschow machen, ihn unterstützen – stattdessen hab ich in der zehn Quadratmeter großen Zelle gesessen.«

Einmal noch, im Jahr 2002, versucht er, sich politisch zu engagieren. Er gründet ein Projekt mit dem Namen »Orion und Isis«, einen Think-Tank, der einen Beitrag zum Frieden im Nahen Osten leisten will. Er erntet nur Spott und Häme.

Heute arbeitet Mathias Rust als Finanzanalyst für eine Schweizer Firma. Er erstellt auf Provisionsbasis Gutachten für große Investitionsvorhaben.

Valentin Falin fasst fünfundzwanzig Jahre später seine Eindrücke zusammen: »*Er war ein netter Junge, der wirklich nur Gutes im Kopf hatte. Er hatte keine bösen Gedanken gegen die Sowjetunion oder gegen das russische Volk. Er war ein zu direkt denkender und zu direkt fühlender Junge. Er glaubte, alle sollten so offen ihre Gedanken, ihre Gefühle nach außen zum Ausdruck bringen – und in normaler menschlicher Sprache die Gebote des Herrn übersetzen. Leider sind die Gebote für Politiker nicht von primärer Bedeutung, sondern ihre eigenen Interessen. Politik ist ein schmutziges Geschäft.*«

Das der Medien mitunter auch.

Epilog am Kreml

Auf der großen Brücke vor dem Roten Platz, wo Mathias Rust am 28. Mai 1987 seine Cessna 172 landen ließ, versammeln sich genau zehn Jahre später Hunderte junger Menschen und werfen unzählige Papierflieger in die Moskwa. Eine Weile bedecken sie den Fluss, bevor die Strömung sie davontreibt.

Sofort nach seinem Flug werden Fanklubs gegründet, T-Shirts und andere Devotionalien bedruckt, Computerspiele programmiert, Songs geschrieben. Es gibt Kunstinstallationen und Performances. Allerlei geschäftstüchtige Menschen wollen Kapital aus dem Ereignis schlagen.

In Frankreich erscheint ein Roman, in dem der Kreml-Flug als von Gorbatschow befohlene KGB-Aktion beschrieben wird. Wahrscheinlich ist dies der trübe Hintergrund für die Verschwörungstheorien in russischen Medien. Das Werk heißt »Hallo Mathias« und beschreibt den Kreml-Flieger als leidenschaftlichen Liebhaber, der mit seinem Abenteuer seiner Freundin Erika imponieren will. Der Autor glaubt zu wissen, wovon er schreibt – er ist selbst Sportpilot.

Der estnische Präsident Lennart Meri nennt seinen deutschen Schäferhund »Rust«, weil für ihn die Landung eines Deutschen im Herzen des verhassten Sowjetimperiums den Anfang vom Ende der jahrzehntelangen Okkupation bedeutet.

Mathias Rust im Jahr 2012.

Im Januar 2012 läuft in deutschen Kinos der Film »Ich reise allein« von Stian Kristiansen an – Musik, unter anderen, die norwegische Mathias-Rust-Band.

Im Kölner Kunstforum wird 2009 im Rahmen einer Kunstaktion eine detailgetreue Nachbildung der Cessna 172 gezeigt; von einem Künstlerpaar aus textilem Material gefertigt.

Die echte Cessna ist heute, nachdem sie mehrmals den Besitzer gewechselt und einige Zeit in Japan verbracht hat, im Berliner Museum für Verkehr und Technik zu sehen.

Und im Schauspielhaus Hamburg führt das Anarcho-Trio »Studio Braun« im Oktober 2010 eine selbstverfasste musikalische Blödel-Collage mit dem Titel »Rust – Ein deutscher Messias« auf.

Der Titel ist allerdings nicht schlecht. Der Kreml-Flug von Mathias Rust hat durchaus etwas Messianisches. Das verbindet ihn, und hier schließt sich der Kreis, mit dem Mann, den er nie getroffen hat und von dem Anatolij Tschernjajew sagt: »Er wird in die Geschichte nicht als Politiker eingehen, sondern als Messias, deren Schicksale überall dieselben sind.« Mit Michail Gorbatschow.

Die Originalmaschine des Moskau-Fluges befindet sich heute im Deutschen Technikmuseum Berlin.

Anhang

Interviews

Auszüge aus Interviews mit folgenden Personen, die für die Fernsehdokumentation der Gebrüder Beetz Filmproduktion »Der Kreml-Flieger« geführt wurden, fanden in diesem Band Verwendung:

Pjotr Deynekin, 1987 Oberkommandierender der sowjetischen Luftstreitkräfte

Valentin Falin, 1987 Chef der Nachrichtenagentur Nowosti und Gorbatschow-Berater

Aleksandr Galkin, russischer Journalist, Mitherausgeber des Buches »Michail Gorbatschow und die deutsche Frage«

Hans-Dietrich Genscher, 1987 Bundesaußenminister

Aleksandr Iwanow, 1987 Führungsoffizier im Moskauer Luftabwehrbezirk

Wladimir Kaminer, Schriftsteller, 1987 in einer Raketenstellung vor Moskau stationiert

Gabriele Krone-Schmalz, 1987 Korrespondentin im ARD-Studio Moskau

Andreas Meyer-Landrut, 1987 Botschafter der Bundesrepublik Deutschland in Moskau

Mathias Rust

Horst Teltschik, 1987 Leiter der Abteilung für auswärtige und innerdeutsche Beziehungen und äußere Sicherheit im Bundeskanzleramt

Hans-Georg Wieck, 1987 Präsident des Bundesnachrichtendienstes (BND)

Anmerkungen

1 Armeezeitung Krasnaja Swesda (Roter Stern) 30.6.2001; http://www. kotelnich.info/about/sokolov.shtm

2 Anatolij Tschernjajew, Wadim Medwedjew, Georgij Schachnasarow (Hrsg.): В Политбюро ЦК КПСС 1985–1991 (Im Politbüro des ZK der KPdSU), Moskau 2006, S. 193 (Übersetzung Mario Bandi)

3 Michail Gorbatschow: Erinnerungen, Berlin 1995, S. 346

4 Tschernjajew u.a.: Im Politbüro, S. 193

5 Gorbatschow: Erinnerungen, S. 308 f.

6 Anatolij Tschernjajew: Mein deutsches Tagebuch. Die deutsche Frage im ZK der KPdSU (1972–1991), Klitzschen 2005, S. 82

7 Die kursiv gedruckten Passagen sind Ausschnitte aus Interviews, die aktuell für Film und Buch geführt wurden.

8 Stern 24/1987

9 Gerd König: Fiasko eines Bruderbundes, Berlin 2011, S. 166

10 Rust spielt hier auf den Sting-Song »Russians« von 1985 an, der seiner Ansicht nach gut die damalige Stimmung widerspiegelt.

11 Tschernjajew u.a.: Im Politbüro, S. 119 f.

12 Gorbatschow: Erinnerungen, S. 289

13 Der Spiegel 50/1988

14 Die Breschnew-Doktrin geht von einer beschränkten Souveränität der sozialistischen Staaten aus und leitet daraus das Recht des Eingreifens ab, wenn in einem der Vasallenstaaten der Sozialismus bedroht sei.

15 Tschernjajew: Mein deutsches Tagebuch, S. 81

16 Gorbatschow: Erinnerungen, S. 346

17 König: Fiasko eines Bruderbundes, S. 165

18 Tschernjajew: Mein deutsches Tagebuch, S. 241

19 György Dalos: Gorbatschow – Mensch und Macht, München 2001, S. 133

20 Stern 24/1987

21 Valentin Falin: Politische Erinnerungen, München 1993, S. 440

22 Gorbatschow: Erinnerungen, S. 347

23 Siehe dazu Manfred Sapper: Die Auswirkungen des Afghanistan-Krieges auf die Sowjetunion, Münster/Hamburg 1994, S. 124 ff.

24 Tschernjajew: Mein deutsches Tagebuch, S. 220

25 Ebenda, S. 297 f.

26 Ebenda, S. 21

27 Ebenda, S. 24

28 Der Spiegel 46/2006

29 Tschernjajew: Mein deutsches Tagebuch, S. 209

30 Ebenda, S. 181f.

31 Tschernjajew u. a.: Im Politbüro, S. 139f.

32 Gorbatschow: Erinnerungen, S. 347

33 Der Spiegel 32/1988

34 Der Spiegel 37/1987

35 Ebenda

36 Stern 25/1987

37 Ebenda

38 Siehe dazu: Wolfgang R. Neumann: Landebahn Roter Platz, München o. J.

39 Stern 25/1987

40 Ebenda

41 Der Spiegel 50/1988

42 Tschernjajew: Mein deutsches Tagebuch, S. 185f.

43 Tschernjajew erzählt. Wie Gorbatschows Berater die deutsche Einheit erlebte. Deutschlandfunk 2007

44 Neues Deutschland 30./31.5.1987

45 Neue Zeit 24/1987

46 Gorbatschow: Erinnerungen, S. 702

47 Tschernjajew: Mein deutsches Tagebuch, S. 210f.

48 Aleksandr Galkin, Anatolij Tschernjajew (Hrsg.): Michail Gorbatschow und die deutsche Frage, München 2011, S. 2

49 Gorbatschow: Erinnerungen, S. 702

50 Stern 25/1987

51 Stern 37/198/

52 Stern 27/1987

53 Valentin Falin: Politische Erinnerungen, München 1993, S. 440

54 Ebenda, S. 441f.

55 Tschernjajew: Mein deutsches Tagebuch, S. 221

56 Ebenda, S. 223

57 http://en.wikipedia.org/wiki/Purge_of_the_Red_Army_in_1941

58 Die Welt 2.6.2008

59 Los Angeles Times 1.6.1987 und Der Spiegel 36/1987

60 Воздушно-космическая оборона (Luft- und Raumverteidigung) 3 (22) 2005

61 Ebenda

62 www.newsru.com/russia/24jun2010/berija.html

63 Tschernjajew hatte schon ein Jahr früher, im Mai 77, notiert: »Es ist ent-
setzlich, dass Gromyko zusammen mit den Generälen (Ustinow) jeden
Unsinn verzapfen kann. Breschnew ist nicht in der Lage das Wichtige
von dem Zufälligen zu unterscheiden.« Mein deutsches Tagebuch, S. 107

64 Trud 26. 5. 2007

65 Junge Welt 30. 6. 1999

66 Tagesspiegel online 28. 8. 2001

67 Tschernjajew: Mein deutsches Tagebuch, S. 227

68 Воздушно-космическая оборона 3 (22) 2005

69 Trud 26. 5. 2007

70 Tschernjajew: Mein deutsches Tagebuch, S. 227 f.

71 Der Spiegel 37/1987

72 Stern 38/1987

73 Neue Zeit 37/1987

74 Stern 46/1987

75 Falin: Politische Erinnerungen, S. 442

76 Tschernjajew: Mein deutsches Tagebuch, S. 231 f.

77 Der Spiegel 32/1988

78 Trud 26. 5. 2007

79 Krasnaja Swesda 2. 9. 2003

80 Stern 25/1987

81 Ebenda

82 Stern 25/1978

83 Воздушно-космическая оборона 3 (22) 2005

84 Trud 26. 5. 2007

85 Nowaja Gaseta 30. 5. 2002

86 Stern 33/1988

87 Der Spiegel 32/1988

88 Trud 26. 5. 2007

89 Dalos: Gorbatschow, S. 132

90 Воздушно-космическая оборона 3 (22) 2005

91 Julian-André Finke: Hüter des Luftraums? Die Luftstreitkräfte der
DDR im Diensthabenden System des Warschauer Paktes, Berlin 2010,
S. 257 f.

92 Tschernjajew: Mein deutsches Tagebuch, S. 236

93 Dalos: Gorbatschow, S. 108

94 Gorbatschow: Erinnerungen, S. 839

95 Ebenda, S. 845 f.

96 Tschernjajew: Mein deutsches Tagebuch, S. 219

97 Ebenda. Eine Anspielung auf den berühmten satirischen Roman »Zwölf Stühle« von Ilja Ilf und Jewgenij Petrow und dessen Hauptperson Ostap Bender auf der Jagd nach Reichtum.

98 Ebenda, S. 214 f.

99 Gorbatschow: Erinnerungen, S. 843

100 Tschernjajew: Mein deutsches Tagebuch, S. 236

101 Dalos: Gorbatschow, S. 100

102 Ebenda, S. 102

103 Sapper: Die Auswirkungen des Afghanistan-Krieges S. 298

104 Ebenda, S. 297 f.

105 Ebenda, S. 401 ff.

106 Ebenda, S. 287

107 Ebenda, S. 388 f.

108 Ebenda, S. 251: »Außenminister Schewardnadse korrigierte diese Summe auf dem 28. Parteitag der KPdSU 1989 nach oben und sprach von 60 Mrd. Rubel Gesamtkosten.«

109 Tschernjajew: Mein deutsches Tagebuch, S. 211

110 Ebenda, S. 213

111 Ebenda, S. 220

112 Ebenda, S. 224

113 Der Spiegel 32/1988

114 Galkin u. a.: Gorbatschow und die deutsche Frage, S. 50 ff.

115 Der Spiegel 32/1988

116 Stern 33/1988

117 Ebenda

118 Ebenda

119 Stern 33/1988

120 Neue Zeit 33/1988

121 Der Spiegel 33/1988

122 Bunte 3.9.1987

123 Der Spiegel 37/1987

124 Stern 33/1988

125 Der Spiegel 33/1988

126 Der Spiegel 17/1991

127 Ebenda

Abbildungsnachweis

Literaturverzeichnis

Dalos, György: Gorbatschow. Mensch und Macht. Eine Biographie, München 2011

Falin, Valentin: Politische Erinnerungen, München 1993

Finke, Julian-André: Hüter des Luftraumes? Die Luftstreitkräfte der DDR im Diensthabenden System des Warschauer Paktes, Berlin 2010

Galkin, Aleksandr; Tschernjajew, Anatolij (Hrsg.): Michail Gorbatschow und die deutsche Frage. Sowjetische Dokumente 1986–1991, München 2011

Gorbatschow, Michail: Erinnerungen, Berlin 1995

König, Gerd: Fiasko eines Bruderbundes. Erinnerungen des letzten DDR-Botschafters in Moskau, Berlin 2011

Neumann, Wolfgang R.: Landebahn Roter Platz, München o. J.

Sapper, Manfred: Die Auswirkungen des Afghanistan-Krieges auf die Sowjetunion, Münster/Hamburg 1994

Tschernjajew, Anatolij: Mein deutsches Tagebuch. Die deutsche Frage im ZK der KPdSU (1972–1991), Klitzschen 2005

Tschernjajew, Anatolij; Medwedjew, Wadim; Schachnasarow, Georgij (Hrsg.): В Политбюро ЦК КПСС 1985–1991 (Im Politbüro des ZK der KPdSU), Moskau 2006

Personenregister

Gefängnisses in Moskau
111 f., 115

Carlucci, Frank (*1930),
US-amerikanischer Politiker;
1987 – 1989 US-Verteidigungsminister   133
Christiansen, Sabine (*1957),
Fernsehmoderatorin, Jour-
nalistin und Produzentin   160
Chruschtschow, Nikita S.
(1894 – 1971), 1953 – 1964
KPdSU Generalsekretär,
1958 – 1964 Staatsoberhaupt
der UdSSR   14, 44, 87, 138 f.

Dalos, György (*1943), unga-
rischer Schriftsteller und
Historiker, lebt in Berlin
135, 140
Dederichs, Mario (1949 – 2003),
Journalist; 1984 – 1988
Moskau-Korrespondent des
»Stern«   63
Deynekin, Pjotr, General; 1987
Oberkommandierender der
sowjetischen Luftstreitkräfte,
1991 – 1998 Oberbefehlshaber
der russischen Luftstreitkräfte
62, 88, 92, 98 f., 117 f.
Dobrowolski, Alexandre, sowjeti-
scher Oberst; Leiter der Unter-
suchungskommission im Fall
Mathias Rust   72, 78

Falin, Valentin M. (*1926), sowje-
tischer Diplomat; 1971 – 1978
Botschafter der UdSSR in der
BRD, 1988 – 1991 Leiter der

Internationalen Abteilung des
ZK der KPdSU   11, 14, 47 f.,
81 f., 114, 144, 166, 169
Finke, Julian-André (*1981),
Militärhistoriker   135
Follath, Erich (*1949), Journalist;
1987 Korrespondent des
»Stern«; 1994 – 1997 Leiter des
Auslandsressorts des »Spiegel«,
seit 1997 »Spiegel«-Korrespon-
dent   152, 154 f., 161
Freud, Sigmund (1856 – 1939),
österreichischer Arzt, Begründer
der Psychoanalyse   154

Galkin, Aleksandr (*1922), russischer Historiker, Journalist
und Mitglied der Akademie für
Politische Wissenschaft   63,
89, 102
Genscher, Hans-Dietrich (*1927),
1974 – 1985 FDP-Vorsitzender,
1974 – 1992 Bundesaußen-
minister   66, 69 f., 83, 115 f.,
132 f., 145, 150
Gerassimow, Gennadi I.
(1930 – 2010), russisch-sowje-
tischer Diplomat; ab 1986
außenpolitischer Sprecher
von Michail Gorbatschow
und Außenminister Eduard
Schewardnadse   46, 48, 111,
121
Goebbels, Joseph (1897 – 1945),
nationalsozialistischer Politiker;
1933 – 1945 Reichspropaganda-
minister   70 f.
Gogol, Nikolaij W. (1809 – 1852),
russischer Schriftsteller   65

Dank

An erster Stelle gilt mein Dank Mathias Rust, der dieses Projekt aufgeschlossen und freundlich begleitet hat.

Besonderer Dank auch der Gebrüder Beetz Filmproduktion. Die Kollegen stellten die Fernsehinterviews, die sie für ihren Film »Der Kreml-Flieger« führten, für dieses Buch zur Verfügung.

Zu Dank verpflichtet bin ich den Übersetzern Mario Bandi, Slawik Hedeler und Thomas Reschke, die russische Fachtexte für mich übertragen haben.

Sehr gern möchte ich mich bei den Mitarbeitern des Christoph Links Verlages für ihre Hilfe vor allem bei der Recherche bedanken. Ein ganz herzlicher Dank geht dabei an Christoph Links, der sich über den üblichen Rahmen hinaus freundschaftlich mit Rat und vor allem Tat für dieses Buch engagiert hat.

Angaben zum Autor

Ed Stuhler

Jahrgang 1945; 1965–68 Studium zum Chemieingenieur in Magdeburg; 1973–78 Studium der Kultur- und Literaturwissenschaften an der Humboldt-Universität zu Berlin; ab 1976 Redakteur im Haus für Kulturarbeit in Berlin; seit 1979 freiberuflicher Autor. Lied- und Theatertexte, Hörfunkfeatures und Buchveröffentlichungen, u. a. »Margot Honecker – Eine Biografie« (Wien 2003); zuletzt erschien im Ch. Links Verlag: »Die letzten Monate der DDR. Die Regierung de Maizière und ihr Weg zur deutschen Einheit«, Berlin 2010.

www.edstuhler.de